以培养创新能力为导向的
地方高校实践教学体系建设研究

郭志超　邢传波　张　宇◎著

吉林出版集团股份有限公司

图书在版编目（CIP）数据

以培养创新能力为导向的地方高校实践教学体系建设
研究 / 郭志超，邢传波，张宇著. — 长春：吉林出版
集团股份有限公司，2022.11
　　ISBN 978-7-5731-2154-7

Ⅰ．①以… Ⅱ．①郭… ②邢… ③张… Ⅲ．①地方高
校—教学研究—中国 Ⅳ．①G642.0

中国版本图书馆 CIP 数据核字（2022）第 171497 号

以培养创新能力为导向的地方高校实践教学体系建设研究

著　　者	郭志超　邢传波　张　宇
责任编辑	白聪响
封面设计	林　吉
开　　本	787mm×1092mm　　1/16
字　　数	210 千
印　　张	9.5
版　　次	2022 年 11 月第 1 版
印　　次	2022 年 11 月第 1 次印刷

出版发行　吉林出版集团股份有限公司

电　　话　总编办：010-63109269
　　　　　　发行部：010-63109269

印　　刷　廊坊市广阳区九洲印刷厂

ISBN 978-7-5731-2154-7　　　　　　　　定价：68.00 元

前　言

随着我国经济的持续发展，生活和工作的节奏也越来越快，企业对于能够熟练处理实际事务的人才需求也越来越大，严峻的就业形势使得高校不得不重视实践教学的重要意义。同时为相应"双创"的号召，高校开始对实践教学体系的构建展开探索。本书对目前高校实践教习体系的现状进行剖析，然后提出相关可操作性的建议。

能够针对项目着手参与实践活动是大学生进行创新创业的基础。大学生在研习期间积累了一定的知识，再加上年轻、接受力强、时刻与时代及前沿科技接轨，因此经常会产生各种各样的想法。对于其中比较令人接受且容易实现的，可展开研究详细调查其市场需求，说不定就能成就一个好项目。但是在此之前对其进行实践能力的培育是非常重要且关键的，否则再好的项目也只能沦为空想。

尽管有很多高等院校在实践教习中投入了相对较多的时间和资金，然而其教习效果却仍然不尽如人意，未能达到预设的目标。学校通常会将资金重点投放到学生实验、实习和双创能力的培育等环节，但由于各个实践环节之间的衔接不够连贯，学习者也不清楚这些环节之间的联系，因此这种教习方式的实际效果并不明显。除此之外，很多高校缺乏与企业长期协作的观念，导致学习者缺乏参与实践的平台，自然也无法积累就业经验为创业做准备。

实践作为一门独立的教习进程，需包括学生实习、实验活动、方案的确定、市场调查以及影响因素的判定等等，其宗旨是让学习者收获实践的体验感，学会自己分析处理事情，遇事不慌，不感情用事，养成理性分析的习惯。实践教习应将学习者放在主动的位置，然而在实际操作中却很少有教学者能意识到。

为了提升本书的学术性与严谨性，在撰写过程中，笔者参阅了大量的文献资料，引用了诸多专家学者的研究成果，因篇幅有限，不能一一列举，在此一并表示最诚挚的感谢。由于时间仓促，加之笔者水平有限，在撰写过程中难免出现不足的地方，希望各位读者不吝赐教，提出宝贵的意见，以便笔者在今后的学习中加以改进。

目　录

第一章　地方高校实践教学体系概述

第一节　高校实践教学体系研究现状

近些年，为了深化高校创新创业教育改革，有效推进双创人才培养，教育部出台了一系列鼓励创新创业教育的政策。有效构建和优化实践教学体系作为培养学生双创能力，提升学生实践能力的重要途径，服务创新创业教育，培养满足社会需求的应用型高素质人才，成为当前我国高校开展创新创业教育改革迫切需要解决的问题。

国外高等教育的实践教学发展较早，实践教学体系相对完善。Plack Margaret M 等人在分析赫拉德茨·克拉洛韦大学未来教育学院的本科实践培训体系的现状和需求中指出，实践体系最大的问题之一是缺乏时间进行反思和评估。Mosley Caroline 等人采用自动手势识别系统，对兽医本科学生常用的技术进行了教学评价。该系统的特点是适度游戏化，旨在激励学生反复使用机器，提高学生对实践教学的熟悉程度。Teichgräber UK 等人将解剖学课程与 CT、超声等横断面影像学结合起来，加深了学生对临床解剖学的理解，构建了人体解剖学的实践教学体系。英国的 BTEC 教学模式、北美的 CBE 和德国的"双元制"教学模式均明确了实践教学实施、管理与评价。国内高校实践教学体系研究集中于以下几个方面：一是实践教学体系内涵与目标研究。高等农林本科教育实践教学体系改革的研究与实践课题组界定了实践教学的内涵，提出实践教学体系包含动力、目标、内容、管理和条件五部分。郑春龙等人提出构建以创新实践能力培养为目标的一体化实践教学体系及保障措施。二是实践教学体系模式研究。李培根等人对标工程教育的时代要求，指出目前的实践教学在教学目标、体系设计、教学方法、教学条件和师资队伍 5 个方面存在问题。时伟通过对比理论教学，指出大学实践教学是以课程实践教学为主体、专业实践教学和社会实践教学为两翼的逻辑体系。周静等人通过院校资源整合，提出融合"新工科"背景下的理工科专业"四层次四方位"实践教学体系模式。袁华等人基于 OBE 理念，构建了以实验、实习、实训为载体，以创新、创业为导向，以育人为核心的"三实两创"实践教学新体系。刘建平等人针对高校毕业生就业难的问题，提出了构建"产教融合、校企合作"的实践教学体系。

目前关于高校实践教学体系的研究，国内外学者大多从培养创新应用型人才的目标出发，对师资、实验基地、实践内容和教学技术等方面进行调整，将实践教学体系与理论教学体系区分开来，明确目标、选择模式，对构建和优化实践教学体系有重要指导意义。本节运用文献计量和可视化分析法，借助 CiteSpace 软件，深入分析我国高校实践教学体系研究现状与发展动态，探讨现有研究的不足，提出有针对性的发展建议。

一、数据来源与研究方法

（一）实践教学体系的内涵界定

张忠福强调实践教学体系包括内容、目标、保障以及评价等部分。史金联指出实践教学管理在高校教育教学活动中占有特殊的地位。结合前人研究成果，本研究界定实践教学体系主要包括目标、内容、管理、保障以及评价 5 个部分。

（二）数据来源

以中国知网（CNKI）作为文献检索平台，高级搜索中选择"期刊"，期刊层次选择"北大核心"，时段为"1998—2018"。以"实践教学"为篇名，分别包含"目标""内容""管理""保障""评价"为篇名，进行精确检索，剔除部分无效文献后，最终获得281 篇有效文献。

（三）研究方法

Cite Space 可视化分析法：基于 Cite Space 软件，通过将引文、共词与共被引等关系以图形的方式表达，直观地显示研究对象的知识结构关系，便于揭示其演进规律。本研究针对 1998—2018 年以实践教学的目标、内容、管理、保障、评价为研究内容的281 篇核心论文，进行格式转换后，选择时间分区为 1 年，g-index 为原则的节点选择方式。通过 Cite Space 可视化分析，直观地绘制出实践教学目标、内容、管理、保障、评价研究的作者、机构以及关键词的科学知识图谱。

二、实践教学体系图谱分析

实践教学思想起源于 20 世纪中期。在不同的发展时期，实践教学研究的侧重有所不同。以下从目标、内容、管理、保障、评价 5 个方面对实践教学进行统计分析，进一步探究高校实践教学体系的研究进展与发展走向。

（一）研究内容时间序列分析

整体上，1998—2005 年高校实践教学研究数量处于低谷期，2006 年后逐渐增多，在 2012 年达到峰值，2012 年后呈波动下降趋势。研究文献数量的变化与教育部出台相关政策和文件的时机有较好的一致性。2001 年教育部发布《关于加强高等学校本科教学工作提高教学质量的若干意见》，提出需进一步加强实践教学，培养学生的创新精神和实践能力，此后相关研究逐渐增多。2010 年出台的《国家中长期教育改革和发展规划纲要（2010—2020 年）》明确指出，创新人才培养须坚持教育教学与生产劳动和社会实践相结合。2012 年教育部发布《关于全面提高高等教育质量的若干意见》，也明确指出要加强实践育人，可见 2012 年相关研究文献数量呈现高峰态势。多项教育政策和文件的出台，体现了教育部对实践教学的重视，掀起了高校实践教学创新建设与不断完善的热潮。2014 年后，实践教学体系趋于完善，因此相关研究文献的数量逐渐减少。

就高校实践教学研究内容而言，主要体现在以下 5 个方面：第一，实践教学目标方面，共计 47 篇。1998—2006 年相关研究接近空窗期，仅在 2001 年和 2006 年有 2 篇产出，在 2008 年有小起伏增加至 5 篇，在 2012 年达到峰值 14 篇，之后又下降并稳定至每年 2~3 篇。第二，实践教学内容方面，共计 28 篇。研究数量总体呈上下波动，每年不超过 5 篇，总体研究文献数量偏少。第三，实践教学管理方面，共计 76 篇。1998—2005 年是研究低谷期，平均年产出 2.7 篇，2006—2018 年研究数量明显增加，其中 2014 年达到最高值。第四，实践教学保障方面，共计 43 篇。这期间出现了 3 个研究小高峰，分别在 2008、2010 和 2012 年，篇数分别为 7 篇、5 篇和 8 篇。计量分析显示，制度保障、管理机构保障、师资保障与评价体系保障是实践教学保障体系中不可缺少的组成部分。第五，实践教学评价方面，共计 87 篇。1998—2004 年是研究空窗期，仅在 1998 年有 1 篇研究文献产出，自 2005 年起研究文献数量逐渐增加，2009—2016 年数量达到每年 8.6 篇。

综上所述，由于国家政策的出台对相应研究有重要引领作用，因此引起了研究数量的起伏。高校实践教学研究的时间序列分析显示，目前我国的高校实践教学相关研究总体呈现出文献数量下降，内容多集中在评价和管理方面的特征。

（二）主要研究者分析

朱雄才、朱文涛、陈丽能、汤美安、韩涛和李兰巧等学者刊文相对较多。朱雄才等人基于对高职毕业综合实践方式与应职应岗能力形成关系的分析，确定了评价的基准、原则和内容，构建了较为完整的实践教学评价指标体系与评价方法。李兰巧对中外合办学校从办学模式、培养目标、专业设置、课程结构、教材建设、教学方法、师资队伍和产学合作等方面进行了较详细的分析，为实践教学的完善提供了诸多的方向。韩涛等人通过对土木工程应用型人才塑造过程中问题的分析，明确了实践教学的目标含义及其重要性。经过查证，以上发文量排列前六位的作者均为教育工作者。实践教学是促进学生融入社会并了解就业岗位的重要教育方式，但缺少社会企业人员的加入，体现了现有实践教学研究的不完整性。因此，今后的实践教学建设应当更加重视加强校企合作，协同完善实践教学体系。

（三）主要研究机构分析

根据 Cite Space 统计，高校实践教学的发文研究机构主要是北京农业职业学院、三明学院教务处、健雄职业技术学院与聊城大学建筑工程学院。技术类高职院校是实践教学研究成果产出的主要来源。高职院校主要培养面向社会就业岗位的高技能应用型人才，历来非常重视实践教学，因此创造了大量相关研究成果，对普通高校的应用型人才培养具有积极的借鉴意义。

一方面，1998—2018 年实践教学研究的主要发文机构多分布在我国东部地区经济较发达省份，推测教育资源分配的差异成为导致中西部地区尤其是西部地区研究文献数量偏少的主要原因；另一方面，发文机构集中在高校，企业人员的协同研究缺失，表明学校与企业的互动强度不足。上述问题可能整体拉低了我国高等教育的实践能力水平，影响中西部地区实践型人才分布，进而加剧我国东、中、西部地区发展的不平衡，建议在今后的发展中加强中西部地区的相关实践教学体系研究。

（四）关键词分析

利用 Cite Space 对 1998—2018 年核心期刊中出现的关键词频次和网络中心度进行统计，以透视不同时期实践教学关注主题和研究方向。在实践教学的研究进程中，研究的关键词主要包括"实践教学""高职院校""实践教学体系""思想政治理论课""高等职业院校""高职教育""教学评价""质量保障体系""教学质量"和"内容体系"等。其中，关键词"思想政治理论课"的出现，表明思想政治教育中的实践教学逐步受到重视。这一特点与教育部于 2019 年 9 月 16 日印发的《"新时代高校思想政治理论课创优行动"工作方案》中提出的实施高校思政课教师社会实践专项工作，有着明显的一致性。"高职院校""高职教育"和"高等职业院校"等关键词的出现，表明实践教学多被强调于职业技术教育中。"实践教学体系""质量保障体系"和"内容体系"关键词的出现，表明实践教学体系的框架逐渐清晰。

在本节所列实践教学体系的 5 个组成部分中，除"目标"外，其余 4 个对象均以不同频次出现在研究关键词中。其中，"保障"出现频次最多，达 13 次；"内容"出现 8 次；"评价"出现 8 次；"管理"出现 2 次。由时间序列特征可知，2005 年的关键词为"内容体系""构建"，这是我国实践教学体系建设的开端。2007 年"教学内容""质量""质量保障"等关键词的出现，表明实践教学体系雏形基本形成。2008 年的关键词依然为"保障机制"，此外"创新能力"首次被重视。2010 年"高职""实践教学评价""管理"开始被关注。2012 年"实践教学评价"仍在发展，"构建与实施""教学改革"的出现缘于国家相关政策和文件，而相关政策和文件又促进实践教学研究的再升华。2013 年

"高校思想政治理论课"受到重视,"高职院校"热度不减,"实践教学保障研究"再度被关注。2014 年后,"高职实践教学""高校思政"研究占总研究较多。

三、研究动态分析

(一)实践教学的目标研究

第一,实践教学的人才培养目标。李景宝基于独立院校本身的性质,指出独立院校实践教学人才的培养目标是从社会需求出发,培养学生具备学习能力、实践能力、创新能力和创业能力的应用型本科人才。谢小苑等人将实践教学目标分解为基础、提高和应用三个层次。第二,实践教学目标的定位。韩涛等人认为实践教学的目标定位应立足于寻求与专业基本理论的有机结合和融会贯通。谢丽娴等人认为高职思想政治理论课实践教学目标应定位在育德、育能和育情三个方面。第三,实践教学目标体系的建立。杨彩卿等人认为高职教育特色的实践教学体系是高职院校培养高技能人才所面临的一项艰巨而紧迫的任务。曾旭华等人认为教育的目的是培养能力,指出高职院校以培养学生的职业能力为目的构建实践教学目标体系。

实践教学目标的研究内容主要关注于人才培养、目标定位与目标体系构建三方面。这表明以往我国的实践教学目标探索、院校特色以及基础水平是首要影响因素。目标不仅涵盖动手能力,还包括职业道德素质、创新创业能力等多个方面,并随着社会需求的发展而不断丰富。此外,思政教育实践教学目标研究成为近年来学者关注的热点问题,与国家主流意识形态演化一致。现有的实践教学目标研究显示,由于现代高校学生所需掌握知识的广泛性,毕业生就业的不定向性,导致人才培养中综合能力、跨学科综合实践等教学目标模糊的问题。

(二)实践教学的内容研究

第一,实践教学内容。宋宁等人指出对实践教学内容进行顶层设计、精心挑选、整合优化、系统分类、明确目标和细化方案,必能培养出符合社会需求的实用型人才。隋振中认为应将实践教学内容进行模块划分,这样更易对原有内容进行取舍,吸收新内容更方便快捷。第二,实践教学内容体系。朱方来等人认为高等职业教育具有相对的独立性,在构建实践教学内容体系时,必须立足高职教育的培养目标和实践教学目标的形成机制与规律,既要注意实践教学与理论教学的联系,又要注意本身的完整性和独立性。赵翼虎认为建立体育实践教学内容新体系,适度细化教学内容,使其安排和选择在理论层面上更科学,在实践层面上更具有可操作性。

实践教学内容是实践教学中最重要的部分之一,始于理论而又有其自身独立性,它属于一个知识性的模块。因此,多数研究都强调对实践教学内容的细化,并结合理论开展,以便提升实践教学质量。在科学技术快速更迭的时代,实践教学内容应有超前性，以启发学生对新科学的思考。国外的实践教学强调在其实验内容上，始终与科学技术的发展同步。目前，面对"新工科""师范类资格认证""工程教育专业认证"等新政策要求，现有的实践教学内容研究不足。

（三）实践教学的管理研究

第一，实践教学质量管理。王源远等人认为要保证质量管理的可持续性，必须构建科学、规范和高效的质量管理体系。张菊芳等人认为将计算机技术和网络化管理引入实践教学质量管理中，建设实践教学质量管理平台，对加强学生实践活动的全面管理，提高实践教学整体质量具有重要的作用。第二，教学环节管理。邢莉燕认为应鼓励学生主动参与，实现真正意义上的理论与实践相结合。温琪莱等人认为应树立系统观念，探索实践性教学管理的有效途径，全面提高实践教学质量。第三，管理模式与制度。余新科等人认为应采取专业实验教学的实验中心管理模式，基础实验实习的网络管理模式，实验实习教学建设的项目管理模式，制度化、程序化的实践教学管理模式。林燕认为应构建教学融入、管理融入、师资融入与文化融入的"四个融入"实践教学管理模式。刘昕认为实践教学质量的提高需要充分发挥教师教学主体和学生学习主体的主观能动性，将管制型制度改成服务型制度。

综上所述，关于实践教学的管理研究，多数集中在教学质量管理、教学环节管理以及制度管理三大方面。本研究认为实践教学管理的网络化与制度化是保障教学管理工作开展的有力手段，应当立足学生视角开展实践教学活动，使学生主动投入其中，逐渐构建起制度强制与学生主动并存的实践教学全方位管理体系。实践教学管理的研究既要符合现代社会发展规律，也要考虑到学生作为主体的重要性，使实践教学管理更加科学。但现阶段实践教学管理的研究仅涉及管理的方式方法，管理的效果未知。由于实践教学与课堂理论教学不同，管理难度较大，因此研究成果的展示不可或缺。

（四）实践教学的评价研究

第一，教学质量评价。陈红认为教师教学质量评价能有效地促进教学质量的提高，建立教学质量评价模型要注重全面地反映学生对教师实践教学质量的评价。田鸣等人认为实践教学质量评价需要在实践过程中不断探索完善。第二，评价体系。刘元林等人认为应深入探讨实践教学质量评价体系的评价指标，并加入可行的操作措施，统一评价内容。冯燕芳认为实践教学评价指标体系的构建应遵循科学性、全面性、操作性和动态性原则。第三，高校思想政治理论课实践评价。李邢西认为只有健全学校、教师、学生共同参与的评价主体队伍，建立健全标准、方法和内容细致明确的评价体系，构建立体、多维和互动的反馈机制和奖惩制度，建立健全、科学的考核评价机制，才能使高校思想政治实践教学达到应有的效果。高继国等人认为应构建自评与互评、他评相结合的多元主体高校思想政治理论课实践评价体系。

实践教学评价贯穿整个实践教学过程，是实践教学质量的有力保障。多数研究均指出应深入探索评价指标，多层次构建实践教学评价体系。目前，许多实践教学评价研究涉及高校思想政治教育，逐渐破解高校思想政治教育重理论轻实践的难题，促进高校开展思想政治教育的实践教学工作。不足的是，目前研究的实践教学评价体系大都在个体院校的基础上构建，不具备在整个单一领域的普适性。这对处于起步阶段的高校思政教育的实践教学较为不利。

（五）实践教学的保障研究

第一，实践教学质量保障体系。郑永江认为教学质量保障体系必须包含不同的质量标准，具有多方保障主体，同时重视实践教学环节。陈平等人认为以引入校企合作的方式完善实践教学课程，形成符合本专业特点的实践教学质量保障体系，从而促进实践教学质量的整体提升。第二，思想政治理论课的实践教学。张国富等人认为高校思想政治理论课的实践教学若想取得成效，关键是要建立一套完整的各方通力合作、密切配合的保障机制。第三，安全保障体系。叶树铃等人强调了工程实践教学安全工作的特殊性，指出了构建包括安全防控机制、安全教育机制、安全监督评价机制、事故应急处置机制的安全保障机制。程建川等人通过参考国外野外实践教学安全保障机制，构建出由立法体系、预防体系、管理监督体系以及事故处理体系组成的野外实践教学安全保障体系。

保障是一切工作的前提。为保障实践教学的合理性，校企合作等联合机制，一定程度上可保护实践教学的成果，但也存在不足之处：实践教学保障涉及范围广泛，既有多方面的保障对象，又有多方面的保障单位。因此，需要负责保障各个对象的各个单位之间加强合作联系，从而使保障工作科学有序地进行。然而，目前并没有关于负责各个保障对象的单位加强合作联系的研究，并且对安全保障，不仅要重视工程专业与野外实践的保障，也要重视实验室与人为安全因素的保障。

本节基于 Cite Space 文献计量和可视化分析法，围绕高校实践教学体系的目标、内容、管理、保障以及评价 5 个方面的研究，开展了作者、机构以及关键词的知识图谱时空特征分析，进而对高校实践教学体系的研究现状和发展动态进行了述评和分析。研究结论如下：

第一，实践教学发展波动起伏。在管理部门相关政策出台影响下，2012 年实践教学研究进入高峰期。整体而言，实践教学管理方面研究成果丰硕，实践教学内容研究较为薄弱。

第二，作者、机构和关键词的实践教学知识图谱分析显示，技术类高职院校是实践教学重要研究成果产出的主要来源，思政教育成为近年来实践教学的关注重点。

第三，深入探讨实践教学体系五部分的研究，结果显示：实践教学目标研究集中于高职院校，涉及其他层次高校实践教学目标的研究较少，且 2012 年后实践教学目标研究日益减少。实践教学内容研究主要关注教学内容的细化，对"新工科""师范类资格认证""工程教育专业认证"等以结果为导向的实践教学专业内容涉及较少，缺乏专业性与针对性。实践教学管理研究侧重教学质量、教学环节与教学制度，立足学生视角，不断改善管理方式。不足之处是研究缺乏成果展示，管理效果未知，并且将新技术应用于管理的研究较少，实用性有待提高。实践教学评价研究主要侧重各自专业领域评价指标体系建立，跨专业领域的普适性指标体系研究较少。实践教学保障研究广泛，主要关注系统内或专业领域，缺乏跨系统、跨专业领域的联合保障机制研究。

我国经济发展阶段及产业结构类型决定着社会需求以及高校实践教学体系建设的着力点。探究实践教学研究进展与发展动态对高等教育的发展具有积极意义。根据本节研究结论，结合社会实际，提出以下建议：

第一，管理部门应深入分析社会需求与高校教育的对接，对实践教学体系进行全面、科学的顶层设计，精准发力。例如，在大力提倡创新创业教育的同时，实现"新工科""师范类资格认证""工程教育专业认证"等类似技术类学科与方向标准体系的尽快建立，明确以产出为导向的实践教学体系标准以及评价方案。

第二，各高等院校应梳理和细化各专业实践教学内容，加强思政教育的实践教学内容建设。突出以学生为主体的实践教学管理制度设计，充分完善专业教师的学情分析制度。实现资源共享视角下的实践教学平台建设，在教学资源不均的情况下，最大限度地形成实践教学平台共享机制。

本研究只针对高校实践教学体系研究进展与发展动态进行初步探讨，政府教育部门、高校管理部门、高校教师、大学生以及社会企业还需进一步思考制订信息沟通、资源共享机制。用实践逻辑体系设计大数据库，实现大数据的挖掘与分析，将有利于实践教学体系研究方向的研判、调整以及制度设计。

第二节　地方高校实践教学体系构建

实践教学是高等学校人才培养中的重要环节。它既与理论教学存在互融、互释和互补的同构关系，也有自身教学目标、教学面向、教学模式和方式的异质性。《国家中长期教育改革和发展规划纲要（2010—2020 年）》明确提出：各类高等学校要加强校内外实习基地、实验室以及实验实践课程教材等相关方面的基本建设，不断强化实验实践教学环节。《教育部财政部关于"十二五"期间实施"高等学校本科教学质量与教学改革工程"的意见》（教高〔2011〕6 号）在"实践创新能力培养"部分明确提出"整合各类实验实践教学资源，资助大学生开展创新创业训练"等要求。《教育部关于全面提高高等教育质量的若干意见》（教高〔2012〕4 号）文件亦指出，高等学校要切实加强实践教学管理，强化实践育人环节，不断提高实验实践教学质量。此外，《教育部关于 2013 年深化教育领域综合改革的意见》（教改〔2013〕1 号）同样提出，各类高等学校要探索创新人才培养途径，切实加强实践教学和创新创业教育的改革意见。实践教学体系建设日益引起各高校的重视。自 2014 年起，烟台大学化学化工学院根据上级要求，针对人才培养过程中实践教学体系不完善、实践教学学时少以及学生动手能力差等问题，系统地进行实践教学体系构建与实践，取得了不错的效果。

一、适时修订培养方案，提高实践教学比例

以培养既有系统理论知识，又有研发潜质和工程能力的应用型人才为目标。在育人的过程中贯彻"科学与工程一体、理论与技术相融、知识 / 能力 / 素质并重"的人才培养理念。先后多次修订培养方案，实践学分达到 30% 以上。遵循工程技术人才的培养规律，实行"化工基础、化工过程、化工实习实训和化工模拟与设计"四个递进式阶段教学，全面提高学生的综合素质和实践能力，培养符合社会、企业要求的高素质应用型人才。

二、多措并举，构建实践教学体系

（一）实验教学体系建设

以实验示范中心建设为牵引，整合实验室资源，借鉴国内外先进的教学理念，结合实际情况，构建实验教学体系。实验教学体系在系统组成上由实验教学目标体系、实验教学内容体系、实验教学管理体系、实验教学条件体系和实验教学效果评价体系构成。实验教学目标体系是实验教学所要达到的目标和标准；实验教学内容体系呈现具体的实验教学内容，是实验教学目标体系的具体体现；实验教学管理体系包含实验教学的组织管理、运行管理和制度管理三个方面，保障了实验教学的正常运行和实施；实验教学条件体系包含实现实验教学的硬件条件和软件条件，为整个实验教学体系起到了保障作用；实验教学效果评价体系是对实验教学质量和效果的监控和评价。五个部分既相对独立，又紧密联系，形成了一个有机整体。

针对化学和化工类学科的发展趋势及社会的发展需求，确定了化学化工基础实验教学的三个层次：第一层次，基础验证性实验。在充分考虑本科生入学基本状况，加强基本操作和基本技能训练和重视学生基本素质培养等基础上，确定基础验证性实验内容。第二层次，综合设计性实验。以掌握基本的化学研究方法为目的，旨在培养学生掌握基本的化学科学研究方法。第三层次，研究创新性实验，旨在培养学生的创新

能力，学生自主实验，突出学生的个性培养，为培养拔尖人才创造条件。据此构建三个实验课程平台，即基础化学实验平台、综合化学实验平台及大学生开放创新实验平台。

（二）实习实训体系建设

以推进产教融合、校企合作为契机，全方位调动企业资源，为学生实习实训创造条件。产教融合是指高等院校根据所设专业，积极开拓校企合作的人才培养机制，把产业与教学密切结合，相互支持、相互促进，形成学校与企业浑然一体的办学模式。《国务院办公厅关于深化产教融合的若干意见》（国办发〔2017〕95号）明确将产教融合作为高等教育改革发展的重要举措。为推进产教融合校企合作，我们做了以下尝试：

与企业合作共同研发，如学院有机新材料团队与淄博世纪联合新型建筑材料有限公司等单位合作，共同研发功能有机助剂，取得良好效果。"碳四分离"教师团队立足技术创新，坚持走产、学、研、用相结合的路子，二十多年如一日，形成了"基础研究—过程研究—工程研究"融为一体的鲜明特色。碳四分离成套专利技术已完全替代了国外技术，成功转让了新疆天利、大庆中蓝以及大连大化等三十余家企业四十多套装置，企业新增价值可观。2018年其专利技术"用甲乙酮系列混合溶剂分离丁烷与丁烯的方法"荣获中国专利金奖。通过与企业的广泛合作，不仅解决了企业的技术难题，同时也为科研和课程设计、毕业论文等环节提出了新的课题，为学生理论和实践课程提供了大量优秀素材。

与企业共建相关平台，如科研平台、技术开发平台和人才引进平台等等。以项目合作形式与山东京博石化、山东玉皇化工等大中型企业深度合作建设"轻烃资源化综合利用协同创新中心"，推进课堂理论知识与工业实践的深度结合，增强工程技术理念和创新创业意识培养。针对应用型培养方案的要求，打造了"专业实践—仿真与认识实习—生产实习"三阶段实习体系，尽量延长学生在企业实践的时间——切实与工业生产相结合，实现理论与工程的真正贯通。学生在山东京博石油化工有限公司、富海集团有限公司进行生产实习期间，为生产车间提出多个切实可行的工艺优化方案，得到企业的一致好评。

打造实践教学平台，与多家企业合作共建实习实训基地。通过凝练相关行业的关键共性工艺，与企业共同开发全3D工厂仿真系统，建设按真实工厂同比例缩小的煤制甲醇典型化工过程实体模型，建成贯通特色化工项目技术的虚拟仿真中心。通过仿真模拟与半实物操作相结合，开阔学生思路，提高学生的操作能力，进一步激发学生自主学习的积极性，锻炼分析问题、解决问题的能力。

组建大学生学科竞赛平台，以赛代练、以赛促教。为了系统培养和提高学生对化工知识的综合运用能力，抽调具有较强工程设计经验的教师，组建"化工设计创新平台""大学生化学化工创新创业中心"，构建"虚拟全国化工设计大赛"。指导学生每年参加全国大学生化工设计大赛、化工原理实验大赛以及化学实验技能大赛等比赛。学术参与积极，效果良好，连续多年在全国大学生化工设计大赛中荣获一等奖、二等奖。

（三）想方设法为学生毕业论文（设计）提供新空间

毕业论文和毕业设计是本科生人才培养过程中的重要一环。由于学生人数增加，实验仪器设备台套数和实验室面积面临不足的问题。为扩展学生做毕业论文（设计）空间，学院积极与企业、研究所和高水平大学合作。如每年有 30 多名学生在中国科学院烟台海岸带研究所做毕业论文（设计），每年都有若干名同学去清华大学做毕业论文，有部分同学在企业导师指导下做毕业论文（设计）等。在研究所和高水平大学做毕业论文（设计）的同学能够得到比在本校更加系统的科研训练，在企业做毕业论文（设计）的同学则直接联系生产一线，理论联系实际更加"接地气"，也能得到更好的训练。

（四）不断加强师资队伍建设

学院不断充实师资，近五年引进毕业于国内重点高校和研究所的青年博士 30 多名。在一年的助教期满后，这些博士均充实到实践教学一线。或指导实验，或指导实习实训，或指导毕业论文（设计）。青年博士年轻有朝气，知识渊博，勤奋上进，很容易和学生打成一片，有效提高了实践教学水平。

此外，学院注重"双师型"师资培养和引进。在人才引进过程中优先考虑科研与技术开发能力强、具备工程背景的教师。鼓励青年博士到企业、政府挂职或实习，不断提高"双师型"教师比例。通过培养和引进，目前专业教师中 70% 以上具有博士学位，"双师型"教师比例超过 40%。教师中既有曾就职于大型石化企业、研究院和设计院的高层次工程技术人才，又有毕业于知名高校和研究所的青年才俊。同时，选聘企业中优秀的专业技术人才、管理人才和高技能人才作为企业导师 23 人，产业教授 9 人，着重在工程实践中培养学生的工程创新能力。2017 年，化学化工学院教师团队获评"山东省高校黄大年式教师团队"。

化学、化工类专业是实践性很强的专业。通过系统的优化实践教学体系并付诸实践，能够有效整合实验室资源，调动地方、企业等外部资源，促进人才培养质量的提高，契合国家要求。经过几年的实践，人才培养质量不断提高。连续多年本科生就业率超过 95%。2019 年和 2020 年学院本科生考研录取成功率均超过 40%，2019 年首次在"挑战杯"山东省大学生课外科技创新竞赛中喜获特等奖，成功入围国赛并获得国家级三等奖。在全国化工设计大赛、化工原理实验大赛和山东省大学生化学实验技能大赛等各项赛事中频频获奖……当然还存在一些尚未完全解决的问题，如实践教学体系对提高学生创新能力有待进一步加强；产教融合还存在一些制度性壁垒，校企之间如何真正实现"互惠双赢"而更深入长久的合作；学生外出实践如何与教务管理部门、学生管理部门和后勤管理部门相互配合等，这都是今后在该研究领域需要进一步努力的方向。

第三节　OBE 理念下高校实践教学体系

在"工程教育认证"背景下，实践能力和创新能力培养已成为当前高等教育人才培养的重要内容之一。2019 年 9 月，《教育部关于深化本科教育教学改革相关意见》进一步指出，本科教育作为高等学校教育体系的重要组成部分，应当加大实践教学环节的培养方式，让学生忙起来，让教学管理严起来，让教师教学活起来，让中国的高等教育特别是本科教育质量提起来。随着第四次工业革命快速发展，原有的人才实践和创新能力培养方式越来越不适应社会的需要，也不能满足当前工程教育认证的相关标准要求。因此，在 OBE 理念指导下，强调以学生为中心高质量培养优秀大学生，提高其实践能力和创新能力，是当前高等教育人才培养改革的重要内容。

实践教学是高等教育的重要组成部分。在学生的实践能力和创新精神培养方面起着不可替代的作用，是培养学生实践、创新能力的重要过程和关键环节。高校开设的各类教学实习、认识实习、课程设计、实验课程和实习实训等教学活动都是突出实践教学特点，提升学科专业建设、促进实践创新型人才培养的重要举措。本节从 OBE 教育理念出发，结合多年的实践教学经验及社会对学生需求，在"工程教育认证"背景下探索符合当前社会人才需求的实践教学模式，希望在实践教学中不断激发学生的学习兴趣，提高学生的实践创新能力和综合素养。

一、OBE 教育理念

OBE 是一种以"学生学习效果为中心"的教育理念，主要注重于学生在获取知识的过程中，用什么样的教学设计、教学内容和教学方式让学生达到预期学习目的，以提高人才培养的质量。本节以 OBE 教育理念引入实践教学模式，主要强调学生在明确所学知识体系的基础上，引导帮助学生如何学习、掌握这些知识内容，最终目的是使学生能具备独自思考、发现问题和解决问题的能力，也旨在探索一种以学生为中心，以学生不断反馈为驱动，强调学生主动学习及取得良好的学习目标和结果的教学模式。高校实践教学环节是除了完成必备的理论课程学习之后，主要要求学生把离散、独立的理论知识通过实践贯穿成一个完整、连贯的教学培养体系的创新教学模式。如高校大学生的毕业设计、实习实训以及实验课程等方面的实践环节，它不仅可以提高学生学习效率、解决课程不懂的理论问题，还能培养学生的动手能力，将理论与实践相结合，提高学生的综合素质。

二、传统实践教学的局限性

实践教学是培养学生分析和解决复杂工程问题的重要环节。特别是对于普通高校来说，它在调动学生的自主学习积极性，帮助学生发现和创造知识，提升高等教育的核心竞争力方面起着至关重要的作用。然而与理论教学相比，目前实践教学过程中仍存在以下一些问题：

（1）在实践教学活动中，实践设备和场地等实践教学条件大多不能满足实践教学的需求，学生很难将书本上的理论知识在实践中得以完全验证，大部分实践教学还依赖书本知识。

（2）大多高校不具备相应的实践教学管理制度，更谈不上评估考核实践教学质量的评审体系了，实践教师没有明确的分工和相应的岗位职责，承担实践教学的教师积极性减弱，实训教学的质量难以保证，实践教学活动内容大多流于形式，实践教学目标已成为虚谈。

（3）由于学校在职称评定、评优评奖、业绩考核等方面的政策导向，许多教师重视理论教学技能水平，而轻视实践操作技能的动手能力，以致在实践教学活动中未能完成实践教学的基本要求，学生的专业实践能力很难达到预期的培养目标。

（4）在理论教学和实践教学的分配上，虽然按照教学计划划分相应的学时比例，但在实验教学的内容和时间安排上存在随意性，对实践教学活动的要求没有理论教学严格，管理不到位，导致实践教师的积极性不高。

由于各方面的因素，在实践教学中难以做到以学生的知识获取、能力提高。素质养成开展教学活动，而是理论知识的简单重复，不能引导、启发学生自主开展学习实践，从而无法达成学生适应社会需求的培养目的。因此，将 OBE 教学理念引入高校实践教学环节，创新教学手段，丰富教学内容，改进教学所采用的培养目标、毕业要求、教学内容、教学方法、师资队伍和教学条件等教学手段，构建符合社会创新型人才需求的实践教学体系十分必要。

三、OBE 教育理念对实践教学的要求

按照 OBE 教育理念的要求，实践教学要以学习者为中心，主要关注其实施后学生从知识获取、能力培养和素质提高 3 个方面取得的效果。因此，OBE 教育理念既是高校实践教学改革的一个基本切入点，更规定了高校实践教学改革的根本遵循。

（1）在知识获取方面，实践教学不仅要对所学的理论知识进行验证，更要注重在验证过程中如何激发学生发现问题，以此设计实践方案去解决发现的问题，促进对所学理论知识的掌握和吸收。

（2）在能力培养方面，根据实践教学内容，要注重学生自主学习能力的培养。引导学生自主或团队协助分工查阅资料，提高学生的学习能力。学生通过自主分工学习的方式，可以预习实践教学环节的内容，更重要的是因为学生提前储备了一些实践经验和相应知识，在课上可以和教师形成良好的互动，达到理想的教学效果。

（3）在素质提高方面，以学生为中心的实践教学，可以激发学生的学习兴趣，提高学生主动获取知识的能力，能利用所学知识主动发现问题、分析问题和解决问题，以此培养学生的创新意识、创新思维和创新能力，提高学生的综合素质。

四、OBE 教育理念下实践教学体系的构建思路与具体措施

（一）实践教学体系的构建思路

在万众创新、大众创业的时代背景下，高校实践教学应在以培养学生的综合素质教育为核心、技术应用能力为主线以及应变能力为关键的基础上，构建符合社会需求的实践教学培养模式。

（1）实践教学计划要符合专业特色，无论是毕业设计、实验课，还是实习、实训等环节的实践教学内容都要以专业人才培养目标为起点。在培养学生动手能力和自主思考能力的基础上，与培养提高学生的综合素质相结合。

（2）实践教学的内容要与学生毕业后所从事专业的岗位需要相结合。学生可以通过在校期间的实践教学，掌握相应的实践操作技能，或者具备自主学习能力，可以独立思考和探索问题后提出自己的见解和解答，并能与同学进行讨论和交流，提高自己的沟通能力，为毕业后从事相关的工作奠定基础。

（3）实践教师是开展实践教学的首要条件，建设一批实践经验丰富的教师队伍是实践教学能否取得较好效果的基础。因此，高校应加大对实践教师的培养和引进，培养具有专业特色、指导实践教学的"双师型"教师，使其能用科学的思维方式（提出问题→设计方案→得到结果→分析总结）讲授实践教学内容，训练学生利用科学方法解决实际问题的能力。

（4）制定评价实践教学质量的评价考核体系。通过评价体系，组织相关的专业教学人员对实践教学的教学计划、教学内容和教学方法等方面进行不定期的检查，形成量化指标，督促教师不断改进实践教学模式，也注重收集学生的反馈意见。这样不仅可以调动实践教师的积极性，还能发现问题并及时调整解决。与此同时，将对实践教学考核的结果反馈给学院、教务部门，作为老师职称评定、评优评奖和业绩考核等方面的依据，积极推动实践教学的良性循环。

（5）制定实践教学环节的管理规章制度，根据制定的规章制度，加大对实践教学各环节的管理，利用先进的管理手段，对实验安全、仪器与耗材管理以及实验室环保

工作等方面建立信息收集、整理和归档制度，对实践教学环节的各种信息及时进行记录，并做好统计、分析和归档工作，及时向有关部门提供实践教学管理的准确数据。

（二）实践教学体系的具体措施

（1）以竞赛带动实践教学。通过竞赛不仅能调动学生学习的主观能动性，激发他们的学习兴趣，培养学生的创新意识、创新思维和创新能力，同时也能挖掘竞赛成果，根据竞赛标准、内容和评价体系，调整实践教学模式，使其与竞赛良好对接，以更好地培养学生的实践能力，使实践教学活动真正建立在学生自主活动、主动探索的基础上。让学生经历全面的实践技能和科学研究的思想、方法的锻炼，切身感受专业竞赛的每个环节的重要性，全面培养和提高学生独立开展专业实践工作的能力，提高学生的组织沟通、团队协作能力，为学生将来从事相关专业的工作提供辅助支撑。

（2）实践教学与岗位技能培训相结合。结合社会培训机构的成功经验，推进"三个相结合"，即课堂、实验实训场所、企业环境相结合，学生、教师、企业培训人员相结合，课内与课外、科研、实践教学相结合。根据学生就业岗位技能的要求，定期邀请企业培训人员或者具有在企业工作经验的教师来校为学生上实践课，现场分享他们的实践经验，或者为学校培训实践教学教师，分享专业知识在实际工作中的应用技巧，以利于教师更好地开展实践教学，改革创新实践教学内容、教学方式和方法。

（3）科研课题进课堂带动实践教学。根据高校专业的培养计划，在夯实基本理论的基础上，注重在课程内容中及时融入国内外最新研究成果，将实践方法和科学研究前沿选题相结合，注重学生创新能力和实践能力的培养，鼓励学生尽早参加科研工作、开展科技创新活动。使学生在掌握基础理论的基础上，得到良好的基本技术的训练，激发学生的学习兴趣，培养学生的创新意识、科学研究素养和解决实际问题的实践能力。

在"工程教育认证"背景下，以培养学生实践能力和创新能力为目标，所进行的实践教学改革是一个长期、系统、科学、综合的过程。不仅要体现和突出专业特色和专业要求外，还要以学生的学习效果为中心，不断创新实践教学新思路，不断整合、调整实践教学模式，动态调整实践教学内容、教学方法、考核标准和教学评价等。从而激发学生的专业兴趣，巩固专业思想，提高创新意识、创新思维和创新能力，以全面提高学生的综合素质。

第四节　转型背景下的高校实践教学体系

近十多年来，随着我国经济的快速发展，高校规模不断扩大，大学生数量不断增加。但传统教育"重理论轻实践"的教育模式培养出的大学生却无法满足人才市场对于多层次、多规格以及实践能力强的专门技术技能人才的需求。因此，大学需要分类发展以满足多样化的社会需求。2015年，教育部、国家发改委和财政部下发《关于引导部分地方普通本科高校向应用型转变的指导意见》，引导一些地方普通本科高校向应用型转变。应用型高校要想培养出"懂理论、强实践、高素质"的应用型人才，需要充分发挥实践教学的优势，产学研相结合。

一、应用型高校实践教学体系中存在的问题

应用型高校以实践为特征，旨在培养学生具备今后所处社会环境和在他们的工作中能够高效、智慧、节约资源地、可持续性地解决问题的能力，因而，实践教学是应用型高校的重中之重。实践教学体系是指在培养技术技能应用型人才教育价值理念的指导下，在实践教学过程中由各种要素相互联系所组成的有机整体。由于以前的大学没有学术型和应用型的区分，教育模式都是强调理论学习，忽视大学生的实践动手操作能力，实践教学只是单一地增加实践的环节和活动，没有考虑各要素之间的连续性和一致性。因而，转型过程中必然存在一些实际问题。

（一）实践教学目标模糊

在教学过程中，教学目标起着十分重要的作用，教学目标指导着教学形式。应用型高校管理者能够明确学校教育教学改革的发展方向，增添实践教学的环节、增加实践教学的比例，但大多数应用型高校对于实践教学总体目标的定义较笼统，环节孤立，不成系统，没有明确表述通过实践教学将使学生发生何种变化，达到什么水平的实践能力，也没有将目标进行拆解细分，提出系统的专业技能训练要求。导致教学活动无法以实践目标为导向，无法围绕教学目标培养企业需要的应用复合型人才，学生难以树立明确的奋斗目标。

（二）实践教学内容陈旧

校企合作、产教融合是培养应用型创新人才的重要途径。但由于资金、利益等因素，实践教学内容并不是由具有实践经验的企业人员制定，而是由本校的很少有实践背景的理论课教师制定，实践教学内容没有整体规划，实践内容陈旧，脱离生产实际，多为辅助理论教学内容或依据教材而增设的处于附属地位的验证型和演示型实践课时，

缺乏针对学生适应将来岗位能力的综合型、设计型、工艺型和创新型的实践教学设计。由于教学内容没有从理论到实践再到创新的承接关系，学生只是机械地按照实践教师的要求进行模仿，无法明确实践的内容对自己的帮助作用，处于被动接受状态，动手操作能力、分析问题和解决问题的能力没有明显提高，从而失去对学习的兴趣。

（三）实践教学形式有限

目前大学的实践教学主要有校内的课程实验实训、校外的见习实习两种形式。课程实验实训形式简单，收获不大。校外实习由于合作各方在目的、地位和资源等方面的不匹配，加上实习时间较短，学生不能独立承担任务，接收单位也只是让学生观摩或者干干无足轻重的零活。由于学生无法直接投入实际工作中去锻炼专业技能，因而不能充分掌握实际生产需要的本领，更无法创造价值以及锻炼创新能力。虽然各高校也开展学科竞赛、社会调查等一些课外实践活动，但这些形式无法保证全体学生都参加。不能深入企业，流于形式的实践教学严重打击了学生增长能力，提升自己的积极性。

（四）实践教学评价单一

长期以来，由于大学的教学形式以知识传授为主，教学评价普遍采用卷面考试、论文等总结性评定成绩这种单一形式来考察学生的学业水平。这种评价形式对理论知识的掌握具有一定的参考价值，但很难反映出实践技能的提高。对于实践教学也只是通过实验作业、实践打分、实验考试这种总结性的或容易评定的书面报告评价形式，没有针对学生专业技能提升以及各方面能力增长等过程性实践教学效果的考评标准。一锤定音的总结性评价不能客观真实地反映学生在学习过程中的动手操作能力以及技术水平的增长，学生努力的过程不在考评的范围之内，实践的效果得不到及时的肯定，久而久之将会失去内在学习的动力。

二、应用型高校实践教学体系的构建

（一）构建实践教学多层次目标

实践教学是应用型高校保证教育质量的关键模式。但实践离不开理论基础，应用型高校应本着提高学生实践应用能力和培养创新精神等专业素养为目的，根据学生的理论基础水平和动手操作能力制定切实可行的多层次目标。也就是说，既有总体发展目标，又有阶段发展目标，包括理论提升目标和技能增长目标。构建"基础教育—专业认知—技能应用—创新教育"逐级递进、有机衔接、科学合理的多层次目标。循序渐进、学练结合，明确各阶段各水平的实施计划和具体步骤，逐步提高学生的基本实践能力、专业实践能力和技术创新能力。在完成和落实每一个实践教学具体目标的同时，实现培养技术技能型人才的总体目标。

（二）形成实践教学多样化内容

首先，开展实践教学不能完全摒弃专业理论内容的教学，理论知识是实际操作的基础和依据。教师在实践中要尽可能地根据课程的特点、学生的工作需求以及社会相关行业的发展动态，充分挖掘课程自身资源，优化组合教学内容，努力在课程中为学生提供适合的实践平台，选取那些贴近职业岗位、训练专业技能等实用性强的内容，教学内容的设计突出层次性、递进性以及可操作性。采用随机通达教学，同一知识内容以不同形式、不同时间、不同情境和多角度呈现，通过开展问题启发式教学、案例教学和角色扮演等形式，将理论内容与实践相联系，激发学生的好奇心，发挥学生的主观能动性，训练学生的逻辑思维，培养学生独立分析问题解决问题的能力。除了理论教学内容转变形式外，依托课程而开设的实验课程可以选择包括验证性、设计性、综合性三层次的内容，给学生一个真实化的工作环境或者模拟化的工作环境，以便有效培养学生的职业意识和技能。实践教学还可以利用项目带动实践教学内容，让学生参与到老师的课题当中，将理论与实践相结合，用实践去检验理论，既培养学生的动手操作能力，又培养学生的创新精神。还可以通过"请进来、走出去"的校企合作形式，聘请企业专业技术人员和高校教师共同选取、设计符合学生就业需要、企业招聘需要的实践教学内容。

（三）采取实践教学多渠道形式

丰富实践教学形式首先要充分利用课堂以及高校自身资源。课堂上，可以利用现代化教学手段与设备，通过观看视频、情景模拟，使实践教学活动从单向传输的形式转变为双向交互。课堂以外还可以通过开展实验实训、课程设计、学科竞赛、见习实习、毕业设计以及社会调查等多种教学形式逐层递进，学生可以根据个人的兴趣需求和学校的共性要求有选择地完成一定学分的实践内容，通过内生动力和外在需求，使学生在专业领域从初步的了解到深入的掌握，从基本的动手操作到岗位适应。除了充分利用高校自身资源，《国家中长期教育改革和发展规划纲要（2010—2020年）》提出"创立高校与科研院所、行业、企业联合培养人才的新机制"。高校要搭建实践教育平台，使单一的学校教学延伸到校园之外，积极开发校外实践基地，加强与行业、企业、社区的合作，将校外实践常态化、制度化，使学生能够真正地参与到工作中。而且多种实践形式更加活泼、有趣，充分调动了学生的参与意识、创新热情，提高了实践教学效果。

（四）开展实践教学多元化评价

教学评价是提高教学质量和实现教学目标的重要保证，实践教学的评价不能只通过静态的书面报告形式。高校应针对实践教学内容、教学形式及教学目标的多样性，建立操作演示、答辩面试和卷面笔试等多元化的考核方式。而且应该将学生的任务完成质量、工作态度、规章制度遵守情况、动手操作能力、团队合作和创新能力等多个因素纳入考核目标中去，增加考核目标的多样性。而且要将考核持续贯穿整个实践教学过程中，从检查学生的预习、实践操作程序到实践报告的撰写，整体而全面地评价学生的实践情况。根据实践内容的多元化设计，实践过程的规范化操作，合理分配各个目标、操作流程在评价中的权重比例，评价包括实践考核项目以及评分标准，既能体现学生知识技能掌握的程度，又能发现中间欠缺的知识和存在的问题，使学生积极地投入学习中。

应用型大学人才培养离不开实践教学，实践教学是培养学生将理论与动手操作相结合的基本模式。应用型大学应该始终围绕培养应用型人才为目标来开展教育教学，使实践教学体现并贯穿于整个应用型本科院校人才培养模式之中，深化实践教学改革，夯实实践教学内容，拓展实践教学形式，形成实践教学体系，发挥学校自身优势基础上，提高学生的综合实践能力，真正发挥应用型大学的作用。

第五节　新农科背景下高校实践教学体系

2018 年，教育部吴岩司长强调，要加快建设发展新农科等学科。农林高校是高等教育的重要组成部分，新农科背景下，农科类高校的发展尤为关键。当前时代背景下，农科教育有别于传统农业教育中的窄化局面，应当多元化、融合化，走协同发展的道路，将农业与医学、农业与市场营销、农业与工程、农业与艺术和农业与语言结合起来，建立先进的农业教育理念。

一、新农科背景下的高校发展

高校是培养人才的地方，对于绝大多数农科学生而言，出身于农村，其眼界、知识面和人脉资源等都相对落后。抓住新农科时代契机，努力发展融合教育，践行实践教学，打造应用型创新人才，是农科学子成才的重要途径，也是当前农业类院校发展的重要目标。目前，各农业高校都进行了一系列改革，开展学科间的交叉融合，并与世界各地的高校、企业进行合作，均取得了一定的成效。2019 年 5 月，仲恺农业工程学院与腾讯公司签署战略合作协议，助力学校在产学研、智慧校园方面的发展。2019 年 8 月，仲恺农业工程学院与华大集团举行战略合作签约仪式，助力学校在基因科学、高等教育事业方面的发展。中国农业大学正在与美国、俄罗斯、荷兰与新加坡等国家的高校探索农科人才培养新模式。东北林业大学致力于学科交叉的融合，正在努力推进计算机、生物、化学与林业学科的交叉。华中农业大学积极推行产教融合教育，加强专业与企业、行业的联系，形成了企业主导型等新兴人才培养模式。

但农林高校在探索建设新农科教育的同时，也遇到了一些问题。我国农科专业不可避免的问题是农业的发展仍处在发展阶段，离发达国家还有一定差距，农科学子的就业多需要深入基层、田间地头，辛苦程度不言而喻，待遇也不如金融、电力等热门高薪行业。因此，要把高校农林实践教育作为一个主导教育手段，将农科与其他专业交叉融合，灵活设置专业，以市场需求、产业需求为目标，让学生在实践中感受学农的乐趣，知农爱农。同时，利用学科交叉的优势，拓宽就业途径，多渠道就业。

二、新农科背景下的学生就业

新农科建设的目标是培养农业现代化的带头人，乡村振兴的领跑人。以往，农科学子所学知识比较单一。例如，学植保的学生只知道病虫草害，对于如何施肥、如何种植栽培作物、收割后如何保存、使用何种机械收割等一窍不通。而且，许多植物的名称也知之甚少。但在外人看来，学植保的学生对于农业知识的掌握应该是全面的，这导致用人单位会对农科学子有偏见。新农科背景下，将植保、园艺、土化、环工和农学等专业知识融合交叉，将学生跨学科、跨界培养，学生在身怀多技的情况下，不拘泥于本专业，就业会更顺畅。华南农业大学在此方面，也进行了深刻改革，努力推动学生多渠道发展。例如，许多昆虫专业的博士毕业后，进入医学院工作或深造，将在昆虫上进行的生理试验转载于与人类密切相关的细菌、害虫等，跨学科跨界发展。

此外，新农科要求服务新产业、新业态、创造新的学科和专业适应新的发展和需求。例如，无人机、智慧农业和乡村振兴等，这些新兴概念，都与农业息息相关。打破原有的传统学科，构建新的教育模式，着重于培养学生的实践动手能力，促进产教融合，改变当前高校普遍存在的"重科研轻教学"现象，才能应对新农科建设的核心——培养新型人才。这也有利于学生的就业。没有哪个单位期望自己所招的员工只会纸上谈兵，尤其是以实践为主导的农业学科。近年来，广东省政府对于智慧农业、乡村振兴的发展高度重视，这些都需要依靠高等学校的农科学子去完成。因此，调整原有的人才培养方案亟待进行。例如，以仲恺农业工程学院为例，将原本第八学期的实习改到第六、七学期，而不是安排学生在第八学期努力找工作的时候去实习，让实习变为走过场。这样的话，真正让学生有时间实习实践，打造实践型人才，既符合时代发展的趋势，又能解决部分学生的就业问题。很多学生倘若在实习期间表现优异，就会被实习单位提前预订，完全不需要为工作发愁。

三、新农科背景下有利于学生实践能力和创新能力的提高

新农科背景下，改变传统的教学模式，打造交叉融合的学科，开设多门通识选修课，

对提高学生的实践动手、动脑能力，双创能力等大有帮助。新农科发展形势下，学生学习各种专业课程后，其知识面宽度和广度、对各资源要素的协同整合能力等都有所提高，这也是培养拔尖创新型人才与复合应用型人才的重要目标。学生在学习多元化知识、进行多元化试验的过程中，其对事物的联想与理解能力等，都会有所突破，动手实践能力也会有所提高。许多知名科学家往往都精通于多门学科，将自己所学的本专业与其他行业结合起来，融会贯通，开拓自己的思维。例如，钱学森就是将物理与艺术结合起来的完美践行者。此外，有些学校还开设了双学位课程，对于转专业不成功，又想多学一门知识的学生来说，不失为一个良策。例如，农科学子若是辅修经济、语言类课程，对于其之后从事农资营销等行业大有益处，也有利于其创新创业能力的提升。

新农科背景下，教师教学水平、学生就业率和各方面的能力都有提高，也有利于推动高校的发展，但仍存在很多困难。以新农科建设为导向，立足服务三农，深化实践教学改革，打造应用型农科人才，才能推动拔尖双创型人才发展，创建高水平人才培养体系。

第二章　地方高校实践教学体系的发展

第一节　高校实践教学质量监控体系

一、新形势对实践教学质量监控的要求

实施高校教学质量监控体系是大学人才质量培养、维持社会声誉的重要保障，也是教学管理部门和教学管理者努力探求并实施执行的义务与责任。教学质量是评估教学效果的依据，教学效果又影响了教学质量，保证教学质量是高校专业人才培养达标的重要保证。教学质量监控体系是按照给定的各项标准，采用某些方法手段控制和监督教学准备、教学过程和教学结果，实现教学质量的有效控制，确保人才目标能够实现。教学质量的好坏最终反馈于人才培养质量和社会用人单位评价。《国家中长期教育改革和发展规划纲要（2010—2020 年）》明确要求要强化实习基地建设，提高实践育人环节质量，发挥实习实践在提高人才培养质量、提高教学效果中的重要作用。以国家教育政策为导向，建好抓好教学质量监控，提高人才培养质量，培养让学生满意、让家长满意和让社会满意的高素质人才，是高等教育不断发展和完善的重要命题。为贯彻落实新时代高等教育精神，有力支撑地质工程一流学科建设，需要进一步完善实践教学质量监控制度与方法，有力支撑教学效果和人才培养目标。

二、实践教学质量监控现存困境

安徽理工大学地质工程专业实践教学模块学分占总学分的 25%，仅次于公共基础课。实习实践教学主要由课程教学实习、认识实习、生产实习和毕业实习等几大模块支撑。其中，低年级地质认识实习和高年级填图实习是地质工程专业实践教学最重要的组成部分。时间周期长、集中参与人员多，对学生理论联系实践能力、团队合作能力和创新能力的培养极为重要，也有助于学生能够熟练运用所学理论知识分析解决实际地质工程问题，为以后从事专业工作或学业继续深造奠定基础。目前专业发展和社会发展对实践教学提出了新的要求，但实践教学体制机制建设、质量监控内容和标准

等仍然需要进一步完善。为此，完善现有教学质量监控体系，确保教学质量监控作用的发挥，成为安徽理工大学地质工程专业特色保持、稳定可持续发展的基本保障。

三、实践教学质量监控体系构建策略

实践教学的质量监控与评价是整体教育教学质量监控的重要一环。其目的是优化实践教学以不断改进教学措施，进而不断提升教学质量，使教学效果达到最佳状态。加强和完善野外实习教学质量监控体系，有利于实践教学环节实施的标准化和规范化，激发教师工作的内在动力，鼓舞教师潜心钻研教学，不断提升教学质量。因此，摸索与学院实际情况相符且利于执行、科学合理认可度高的实习教学质量监控举措，对保障实践教学质量、提升教学效果以及确保培养人才达标具有重要意义。

（一）加强实践教学资源投入，构建教学质量监控运行基础

对实践教学基础资源精准定位，让实习教师建立地质工程专业实习必备的知识系统，明确实践教学必需的地质教学资源、教学手段和教学方法。梳理实践基地地质资料，实习教师进行全面详细的地质考察，对地质资料进行核实和补充。增加或更改地质路线，全面观察岩石、矿物、构造、水文和地层等地质现象，思考地质规律成因等。以学院巢湖野外实习积累材料为基础，采用罗盘、GPS、便携式填图掌上机、无人机以及卫星定位系统等填图工具，现场采集野外实习路线坐标、观测点位坐标、观测点图片、影像等，完善野外实践教学基本素材，建立包括野外实践内容、方法和手段、资源数据图片与影像教学的素材资源库。进一步形成文献资料数据库、本科生野外实践论文数据库。制作包括常见地层识别和分类、动植物化石标本的采集与制作方法、野外样品采集的技术规程、岩石矿物的野外观察与研究方法、构造地质现象的描述与研究方法、常用野外研究设备的使用介绍、小专题研究步骤和论文写作等多媒体课件和实习图册等。通过加强野外实践教学投入，完善教学必需设施，打造现场实践教学、室内传统教学、数据资源在线学习和软件 APP 在线应用的多维度学习资源平台，形成"室内线下与仿真、室外真实场景"两个平台，为教学质量监控运行提供基本教学基础。

（二）明确实践教学内容，构建教学质量监控运行标准

首先，对实践教学内容合理布局，通过野外地质路线踏勘、实测地质剖面、地质填图和室内报告编写与计算机成图等完善教学过程。以培养学生解决问题的方法路径和高级地质学思维为主要目的，以健全野外地质填图实习、建立扩展野外独立自主填图、独立开展地质工作与独立思考等工作为主要内容。其次，开展野外地质素描技能培训，建设不同类型地质素描点位，小组探讨联合开展，提升地质素质基本功。以计算机绘制与手绘相结合，开展基于限定时间、限定范围的野外地质技能单项和综合比赛。各带队教师应以专业方向为基础，建设包括小论文和大作业为主的教学数据库，

采用双向选择为桥梁，为学生提供开展专题小论文和专题大作业的自主命题。基于有限时间、有限终点和有限目标，将专题研究与基本实习有机结合，让学生完成作业论文的分析与撰写，训练学生的独立思考与研究能力，完成地质思考与报告撰写的系统性训练。然后，明确带队教师野外现场授课的主渠道作用，将课程思政不断融入野外实践教学，开展野外师生党员与群众联合活动、临时党支部授课学习活动，必要时由支部书记、支部委员或教师党员教授党课。

在明确野外填图实践教学内容的基础上，建立实践教学质量监控标准的制定、实施、教师与学生协同反馈的协调机制。对授课教师做好质量监控宣传解读，按师生提出的建议、意见，修订并及时完善质量监控内容。同时，加强教学质量监控与实践教学准备、实践教学内容、实践教学组织、实践教学效果和实践教学考核等的衔接，以标准为依据开展实践教学质量监控，使野外地质填图实习逐步向质量监控标准引领转变，建立按制度、按标准实施的质量监控机制。

（三）完善质量监控评价方法，实现监控运行规范化

加大院系的协同协调力度，搞好制度、党政、人员和师资衔接，破除落实评价制度的障碍，形成政策合力和工作合力，完善野外实践教学组织实施政策落实、教学质量能够有效监控的协同机制。校院从政策方针、待遇经费和资源设备等多个方面适当倾斜，科学确定野外填图实习范围、实习基地、实践路线与实习经费，使教师与学生有心理预期，做到教学信心坚定、制度执行有力。探索实行教学质量与教学工作量监控并行、教学付出与教学所得并行的实施政策。推进各项制度细节的科学化、合理化，对教师所做工作实施绩效分配，完善室内和室外集中备课环节，增强教师的主动性和积极性。鼓励教师结合自身实际拓展教学内容、改变教学方法以及建立学生考核规范化标准，使教学主动遵守学校和学院规定，履行教学责任。鼓励教师打造教学进度合理、教学内容规范和教学效果优良的教学样板，及时总结经验、做法和成果，并由学院资助出版规划教材、教学辅导书和学术专著论文等。

积极派出教师参加野外教学实践研讨会，不断接受实践教学新理念。建立实践教学质量监控体系，根据专业发展、培养目标和教学大纲的要求与内涵，结合本院实践教学特点，设计若干实践教学评价指标，既要注重简明性、系统性与科学性，更要具备可操作性、可获取性和可量化性。不断改善原有教学集中考核、教学材料集中归档的管理方法，推进定量评价与定性评价相结合、过程评价与结果评价相结合、综合评价与差别评价相结合的整体评价方法。促进教学质量监控体系与方法改革，并在具体实习实践中持续应用并改进。最终摸索出既能够充分体现教师教学劳动、反馈教学质量偏差，又能提升教师业务素质能力、规范教学行为、提高教学质量的可执行、科学长效的综合监控与评价方式。

（四）构建多角度质量监控内容，保障教学活动顺利开展

在填图野外实践教学质量监控中，要从多个维度建设服务野外填图实习教学质量的管理制度体系。如学校办学定位、专业培养目标与社会需求，培养效果与培养目标的达成，教师队伍与教学资源的保障、教师工作劲头足、学生满意度高等，为教学和管理工作提供制度保障。院系教学指导委员会、学术委员会、学院和系管理层，监督、评估教育质量监控体系的运行。其他教学管理人员、年级辅导员和实验管理人员为教育质量监控体系提供管理、服务保障。

学院、系部与教辅部门共同组建实践教学质量监控组，形成整体监控。教师教学质量监控包括教学大纲、教学内容和教学办法，同时还包括对指导教师备课、教案编写、野外现场教学监控，必要时以问卷调查形式开展效果监控。学生学习质量监控包括对现场教学作业完成情况、室内笔试和独立填图情况进行监控，必要时采用答辩开展质量检查。学生专业思想监控与组织管理主要包括开展党员支部活动，讲述老一辈地质学家的优良作风精神，以班级为单位开展活动等对学生专业思想监控。制订野外实践管理办法、野外实践教学工作规范，对学生的组织生活、集体活动等开展监控。建立实习质量监控管理委员会为实习质量管理机构，组织制定多专业联合实习的实施规范，教师野外实践教学规定、野外实习具体实施办法、教学工作量认定办法、学生野外实践纪律及管理工作规范等，为地质野外实习教学的有效运行和教学质量提供保障和政策支撑。通过全方位的质量监控与质量评价，激发教师的教学主动性和积极性，提升教学效果。

（五）改革考核方法促进监控效果提升

革新野外填图方法提升能力，形成多种软件协调应用的数字填图。实施半定量地形、地质剖面实测自测训练，要求学生以组为单位独立完成一条地质剖面的测制工作。独立完成教师指定或自选的多条填图图线，探讨、归纳总结并形成完整报告。开展野外实习工具，如罗盘使用的现场考核。以典型地质素描为示范，学习前人的地质精神，重建野外地质素描功能，并开展野外地质素描技能大赛。改变传统考核方式，增添阶段考核、独立任务考核、自主命题小论文与研究方案设计、现场实习工具使用考核、标本矿物鉴定考核等，并划定成绩比例。设定多道可选择性综合理解分析题，培养学生地质整体思维、训练复杂问题解决路径与方法的能力。将实习日志、实习报告、实习各个阶段考核结果以及实习具体表现均纳入对学生最终成绩的考核，并保证归档材料齐全，促进监控效果提升和提高教学质量。

（六）完善实践教学质量评价标准，强化信息反馈

按照客观、规范、激励和可持续性等原则，制定野外实习教学管理、实习内容、实践考核与成绩评定、指导教师守则、学生实习守则等具体规章制度与质量详细评价

标准。采用系教研室与学院相结合的方法，开展两级检查督查。完善以定性考核和定量加权考核的评价模式，制定实践教学质量评价表，形成实践教学质量标准评价的规范性文件。通过个别谈话、学生座谈、过程检查和问卷调查等交流形式，强化信息反馈机制，及时收集实践教学信息，并将收集到的信息及时向教学管理人员、指导教师和学生反馈，以便针对性地解决问题，调整教学内容或改进教学方法。

高校实践教学专业教学质量监控是完善整体质量教学监控体系、落实教学质量和教学效果的重要保障。新形势下地质工程专业面临转型发展，质量教学监控也在持续建设与完善之中。实践教学质量监控面临的问题多且复杂，需要依据高等教育实践教学规律，分析实践教学监控各环节的内在联系，以科学性为原则不断探索、实践、修订并完善监控体系。本节以地质工程专业野外实践教学质量监控为基本点进行探讨，通过实施初步建设的实践教学监控体系，以期适应新时期对提高实践教学质量的要求，逐步实现实践教学的规范化和长效化，反哺教学内涵和教学质量不断提升。如何在新的形势下落实，有序有效地开展监控与教学等问题仍需进一步探讨。

第二节　高校体育教育专业实践教学体系

体育不仅仅是一种身体运动，也是国家综合实力的重要体现，是经济社会发展进步的重要标志。促进全民健身已经成为国家的重要发展战略，因此高校体育专业人才的培养非常关键。传统的以培养学术教育为重心的教育模式已经无法满足社会发展需求，因此必须要面向市场需求，实施专业教育，通过实践教学提高人才培养的质量。为了保证高校体育教育专业实践教学的效果，就必须要构建完善的实践教学体系，由此可见探究高校体育教育专业实践教学体系的构建路径具有非常重要的现实意义。

一、高校体育教育专业实践教学概述

对于高校体育教育专业的实践教学来说，是连接学校和社会的纽带，对于提高学生的综合能力非常关键。在理论教学的指导下，实践教学强调学生的实际操作，通过亲身体验获取直接经验，虽然与理论教学有一定的关系，却又是理论教学的一种教学活动。随着社会的不断发展，对体育教育专业人才提出了更高的要求，高校体育教育专业经历了体育教师—体育教育专门人才—复合型体育教育人才的变化。所以实践教学的重要性日益凸显，现阶段我国大多数高校体育教育专业实施实践教学过程中主要通过实验、实习、实训、课程设计、社会调查以及社会实践等方式，但是并没有形成完善的教育体系，实践教学效果不够理想，所以必须要对高校体育教育专业实践教学进行改革，构建完善的实践教学体系，从而推动学生综合能力的提升。

二、高校体育教育专业实践教学现状

对于高校体育教育专业实践教学来说，必须要考虑到实践教学目标体系设置的目的性、实践教学内容的体系性、实践教学活动的完整性、实践学习场所的针对性和实践教学保障体系的完备性。从这些方面考虑，目前我国大多数高校体育专业实践教学都存在着目标不清晰、实践教学内容脱离实际、实践教学保障体系薄弱和实践教学评价机制不完善的问题。

实践教学目标不清晰。教学目标对教学活动有重要的指导作用，如果目标不够明确和具体，那么在实施实践教学的过程中就没有针对性，也会出现体育专业同质化培养的问题，这样一来，学生之间的就业竞争就会更加激烈。除此之外，如果实践教学目标不清晰，学生也不会明确认识到通过学习而达到的价值成果，学习效果也不显著。除此之外，随着教师资格证的全面改革，所有人都要参加全国认证考试，师范生也不例外。这无论是对学生还是高校都是不小的考验，因此为了提升学生的就业竞争力，必须要优化实践教学的目标体系，制定明确、细化的实践教学目标来指导实践教学的实施。

实践教学内容脱离实际。随着基础教育的不断改革，部分高校所使用的实践教学内容陈旧，所选择的实践项目根本无法式摇滚现代社会的发展需求。体育不仅仅是传授身体运动的知识和技能，体育教育也不能够照本宣科的传授运动知识，生理知识、心理知识、健康知识和教育知识等都非常重要，但是目前的体育教育实践教学内容仍然是以技能强化为主，所使用的教学方法也大多是灌输教学，未能充分发挥出学生的主动性，严重影响了实践教学质量。

实践教学保障体系薄弱。体育教育实践教学需要一定的软硬件设施作为保障，但是目前很多高校对实践教学的资金投入不足，训练场地紧张、体育器材有限以及师资力量不足，学生的实践时间太短，教师也无法顾及每一个学生。在这种情况下严重影响了实践教学内容的顺利实施，学生实践能力的提升也会因此受到影响。

实践教学评价机制不完善。实践教学评价需要包括教学内容、方法、实施过程和目标等方面进行综合评价，但是目前大多数高校体育教育专业都缺乏实践课程的教学评价体系，仍然采取理论教学的评价观念，缺少针对性的评价指标，未能对实践教学的实施过程及效果进行具体的检验，影响了实践教学评价的准确性和客观性，也就无法发挥出教学评价的重要作用。

三、高校体育教育专业实践教学体系构建路径

合理确定教学目标。高校作为人才培养的重要基地，在培养人才的过程中必须要与市场需求挂钩，因此要根据目前市场需求以及学校实际教学情况进行准确的定位，制定明确、具体的教学目标，重视对学生实践能力的培养。这样一来体育教育专业人才培养才更有针对性，也能够提高学生对实践学习的认识，调动学生的积极性，发挥出学生的主观能动性，从而培养出优秀的应用体育人才。

创新教学内容。高校体育教育实践教学的内容与社会需求匹配度较差，因此，高校体育教育开展实践教学，教学内容必须要与时俱进，以体育教育专业人才培养目标为指导，按照学生能力形成发展规律，在不同阶段做好教学内容的创新。要涉及专业知识、教学实践和综合素养等多个方面，注意知识的层次性，从而循序渐进地发展学生的专业水平和教育教学实践能力，全面提升学生的综合素质。

加强实践环境建设。实践环境是高校体育教育专业实践教学的重要保障，完善的软硬件设施能够为实践活动的开展提供重要的载体，也决定了学生能力发展的高度和深度。因此，高校必须要加大经费投入，重视教学实践平台建设，为学生提供充足的实践锻炼机会。除此之外，高校还可以积极拓展校外可利用的资源，采取合作等方式实现培养平台的多元化，从而有效提升实践教学的效果。

完善评价方式。评价体系具有重要的导向作用，之前对于实践教学采取的评价方式与理论教学并无太大差别，所以说，完善评价方式、建立客观统一的评价标准是高校体育教育实践教学体系构建过程中的一个关键环节。从而实现有目标、科学、规范的评价，科学反映实践教学的效果，帮助教师和学生了解实际情况，与此同时也能够为教学计划的调整提供可靠的参考。

总而言之，现阶段高校体育教育面临着前所未有的挑战和机遇，实践教学对于培养应用和复合型人才的作用不言而喻，教育部也明确提出了实践教学与人才培养模式改革是提高高等教育质量的重要内容。目前高校在实际开展体育实践教学过程中，仍然存在许多问题，影响了人才培养的效果，因此必须要做好实践教学体系的构建工作，为实践教学活动提供可靠的保障，切实提高大学生的环境适应能力。

第三节　高校智慧教学实践服务体系

随着教育信息化2.0时代的到来，教学服务在方方面面都发生了改变。依托物联网、大数据、移动互联网、云计算和人工智能等信息技术，高校教学服务逐步向智慧教学

服务方向发展。在传统教学服务的基础上，智慧教学服务改变了教学模式，创造了智慧教学环境及管理环境，更能满足师生的个性化需求。从教学服务的内涵来看，智慧教学服务凸显教育事业的服务性，强调以学生为中心，灵活运用教学资源重组与再造，让学生对学习内容和学习方式的选择有参与感。有效引导排斥型学生群体转变学习态度与状态，从而为地方高校解决教学方式单一、课堂互动少、课程内容滞后、信息化教学技术缺乏与教学深度融合等问题提供可行路径。

一、智慧教学服务内涵

从经济学的角度来说，教学服务具有商业性，它是以教师传授知识、学校提供环境来体现其使用价值的商业产品。由于商业市场具有追逐品牌性的特征，学校在市场中也要从教学方式、教学环境、教学评价以及教学管理等方面着手营造良好的品牌。智慧教学服务是以信息技术改革教育服务，其改变传统教学方式，提供智能化的教学环境和科学全面的教学评价，提升教学管理水平，是地方高校打造品牌效应，提高竞争力的重要机遇。

同时，教学服务具有社会性。跟普通商业服务相比，教学服务不仅仅是经济学讲的提供者与消费者之间所进行的平等、互惠、等价的服务交易，也是国家为公民提供的公共服务。一个国家的教育事业不仅关乎学生个体的学习就业、身心发展及社会交际，更会从微观到宏观影响到整个国家的文化传承、政治建设、经济发展和生态变化。因此，地方高校应从学生和社会需求的双重视角反思，利用信息技术改进教学服务，坚持以服务社会的取向引领教育事业的改革与发展。

当下正是建设创新型国家，实现宏观战略跨越式发展的关键时期。新科技革命和产业变革的时代浪潮奔腾而至，社会对科学知识和卓越创新人才的渴求比以往任何时期都要迫切。地方高校应以为国家培养所需人才为第一要务。培养具有创新精神和实践能力的高素质人才正是地方高校为建设创新型国家承担的社会责任。

智慧教学服务在新兴技术的推动下，本着边实践边研究的原则，不断完善升级。丰富多元的课程资源更能满足学生的个性化学习需求，推动创新型人才的培养。全面科学的学习数据更有利于教育者用发展性视角，凝聚学理思考，深度聚焦学习能力的培养。充分发挥智慧教学服务体系的作用，有助于高校加快推进课堂教学改革，促进本科教育内涵式发展，为社会培养大批创新型人才。

二、互联网时代地方高校学生学习特征

构建智慧教学服务体系既是地方高校建设一流本科教育的创新点，也是全面提高人才培养能力的关键点，更是改变互联网冲击下地方高校课堂教学困境的着力点。

"90后""00后"学生可谓是"网络原住民"，他们思维活跃，想法跳脱，渴望自由，具有强烈的自我意识，更愿意主动选择信息来源，更适应碎片化获取信息的模式。他们在学习和生活中既擅长也依赖网络工具的使用。然而有研究指出，部分学生由于学习基础不扎实、个体内在约束力较弱以及不善于行动等问题，在网络世界海量信息的冲击下反而会造成焦虑无序、兴趣淡漠、缺乏动力的学习状态。相对"985工程"和"211工程"院校，地方高校学生中像这样不满意并游离于课堂学习的排斥型学生群体比例相对较高。

碎片化的阅读习惯可能造成学生无法长时间集中注意力，导致课堂教学的不稳定。强烈的自我意识及对网络的熟悉，使得学生可以利用网络搜索快速便捷地获取信息，长此以往会造成学生在学习中产生惰性，欠缺主动思考，甚至轻视教师课堂讲授的过程。要解决这种教与学之间的对立抵触，首先要清楚并尊重地方高校学生在互联网时代下的学习特征，在此基础上建立更科学适宜的智慧教学服务体系，帮助教师改变传统教学方式，帮助学生有效学习。

三、构建智慧教学服务体系

智慧教学服务体系的构成要素包括教学环境、课程资源、教学模式、评价方式及教学管理，各要素之间相辅相成，影响着智慧教学服务的整体效果。结合学校发展规划和人才培养目标，地方高校可从"建、用、学、评、管"着手，针对各要素的发展打一套组合拳，配合智慧教学环境、智慧教学模式、智慧教学评价与智慧教学管理四个维度的运用，形成资源建设、资源重构、教学改革、评价反馈和改进提质的闭环。

（一）建：着力建设智慧教学环境

智慧教学环境指能优化教学内容呈现，便于学习资源获取，促进课堂开展互动式学习，具有情景感知和环境管理功能的教学环境。智慧教学环境最常见的物化形式就是智慧教室，但其所包含的内容远不止如此。

智慧教室是智慧教学环境建设硬件部分的体现形式，具体包括教室基础设施、教学基础设施、环境管理设施和教学辅助设施。其中教室基础设施及教学基础设施可在传统多媒体教室的基础上进行改造升级，如将黑板更换成交互式电子白板，将桌椅更换为可移动组合的桌椅。增加可接入智慧教学平台的中控系统、录播系统、监控系统和物联网感知系统等，便于多维学习数据的采集。考虑到智慧教室数量的增加及下一步的发展需求，学校应建设配套的总控室，对智慧教室实施远程管理。

智慧教学环境软件部分的建设主要是基于基础层设施，构建功能完善、资源和数据互通的智慧教学服务平台。教育部发布的《教育信息化2.0行动计划》提出构建一体化大平台，引入"平台+教育"服务模式，整合各级各类平台和系统，逐步实现各种平台的互通、衔接与开放。因此，智慧教学服务平台建设时应重点考虑与各应用系统的贯通与集成，如监控系统中的考勤数据自动更新到课程中心的教学管理平台，教学管理平台中的学生成绩可一键导入教务系统。在教务系统选课成功后，学生直接在课程中心进入相应班级。做好顶层设计，结合智慧教学环境的设施，智慧教学服务平台可以让教师、学生和管理者通过统一认证账号，利用电脑、手机等设备，分角色接入各系统，随时随地交互访问，为实现"教—学—管"的深度融合和相互促进提供系统支持。

（二）用：灵活运用智慧课程资源

教育部《关于加强高等学校在线开放课程建设应用与管理的意见》提出建设一批以大规模在线开放课程为代表、课程应用与教学服务相融通的优质在线开放课程。大规模建课以后，只有真正"建以致用"，创新慕课应用模式，用慕课改造教学，才能提高课堂教学的吸引力和教学效果，解决互联网时代课堂教学的困境。

在传统课堂教学中，知识以直线教学的方式传递给学生，让其一味地接受知识，缺少必要的讨论、互动及反思，不利于培养学生的独立思考能力和创新意识。要实现教学目标由知识传授转向能力培养，教师要尝试灵活使用课程资源，将单一型教学模式转化为混合式教学模式。在智慧教学平台中，课程资源往往可以细化成一个个的知识点，并且对应不同的表现形式，如文字、图片、音频和视频等，这样知识碎片适合学生在课前独立进行碎片化的学习，充分调动其主动性和创造性。在课堂教学中，教师可以利用思维导图、知识地图等工具揭示知识点之间的内部逻辑，重构个性化的知识体系，进一步培养学生的高阶思维能力。课后基于测试结果和学生反馈，教师可以进一步更新、完善、增值课程资源，更好地为下一轮次的混合式教学服务。

（三）学：培养学生自主学习能力

伴随信息技术发展成长起来的学生，敢于质疑权威，表达个人思维，反感灌输式说教，因此在教学过程中，教师应当转变角色，重视学生在课堂上的主体地位。在智慧教学课堂中，学生是课堂活动的主体，而教师则是课堂活动的引导者。通过组织互动式教学，强化师生、生生之间立体、高效、持续的沟通交流，让课堂真正地活跃起来。

智慧教学环境和智慧教学资源的建设在为教学服务提供支持，注重技术变革的同时，不能忽略了教学理念创新与教学模式改革，这也正是智慧教育服务产生的重要因素。基于适宜开展交互教学的智慧教学环境和便于灵活重构的智慧教学资源、智慧教学课堂中，不应局限于学生对知识的学习，更应关注学生自主学习能力的培养。智慧教学服务为学生创造了随时随地学习的条件，地方高校应充分利用这个优势，培养学生泛在学习能力，助力学习强国。泛在学习的核心是保持学习的主动性和自觉性。教师通过在课堂上引导学生，强化学生在学习中的主体地位，有利于培养学生学习的主动性，让其养成在课外利用碎片化的时间进行广泛学习的习惯。让学生成为学习的主人，也有利于打破地方高校大学生学习状态被动、缺乏学习动力的困境。学生在参与选择自己学习内容和方式的过程中，也在尝试对个人的成长和发展负责，通过加深学习对自身发展重要性的认识，学生会逐渐消除对学习那种得过且过的消极心态。

（四）评：构建智慧教学评价体系

相对于知识的获取，智慧教学模式所倡导的学习目标更强调学生能力的提升，智慧教学评价的目的也是为了实现教学和学习的持续改进，而不是简单地将评价指标与考试成绩挂钩。智慧教学评价体系是基于多维学习数据采集分析的教学质量评价体系，其包括预测性评价、过程性评价和结果性评价。数据在智慧教学评价体系中就是信息的载体，学生观看视频的时段、次数以及课前学习在某一个知识点停留的时间，都体现了一定的学习行为。在智慧教学服务体系中，各个平台能为我们多源化、多维度、多层次地收集与学习行为相关的历史数据，如何在海量复杂的数据中，挖掘学习评价和反馈的信息，首先要厘清预测性评价、过程性评价和结果性评价三者间的价值逻辑。

结合智慧教学模式中课前学习环节的数据进行分析得到的结果就是预测性评价，通过此评价结果教师可了解学生前序知识掌握的情况以及下一章节的学习状态。在传统课堂教学中通过课堂提问进行的学情分析，具有模糊性和延时性的缺点，而智慧评价系统中基于大数据的学情分析既提高了精准度，又提供教师及时调整教学设计的机会。预测性评价对学生来说也是一种学习起点的评价，能帮助学生客观了解自己的学习状态，提前意识到知识掌握的薄弱环节，进而在课堂中主动寻求帮助解决问题。智慧教学中数据最丰富、最核心的评价方式是过程性评价，在智慧教学服务支持下，每一位学习者线上及线下的学习行为特征数据都能最大限度地被精细化记录和采集。利用大数据、云计算技术，智慧教学评价系统将包括学习进度、学习时间、学习频率、学习轨迹、情感表现以及任务用时在内的碎片化学习数据进行分析归纳，形成"学生画像"。在"学生画像"的指导下，教师可进一步将教学策略转向基于学生学习特征的个性化教学，增强学习和教学效能。结果性评价作为智慧教学评价的最后环节，除了以教学目标达成度为评价标准外，还应关注学生能力的相对发展，做到以学生为中心评估教学效果。以标准化考试的结果赋予学生等级可检视教学目标的达成度，智慧教学平台存储大量超时空的纵向学习数据，还能帮助教师对比学生的"学习产出"与"学习增值"以及"现有表现"与"原有表现"。总体来说，基于大数据的智慧教学评价体系，更能真实客观地反映学生学习能力及教师教学质量，促进师生对教学和学习的改进，实现"教学评"一体化。

（五）管：规范智慧教学服务全过程管理

到目前为止，智慧教学服务体系的建设既没有固定发展模式，也没有统一标准规范可遵循，而利用智慧教学服务体系助推教学改革是一项复杂的系统工程，如果高校不加强对智慧教学服务的规范管理，会大大增加这项系统工程进行下去的难度和风险。智慧教学服务体系在规划建设时，应以需求为导向，充分结合学校的办学特色和人才培养目标，按照统筹规划、逐步推进的原则有计划地开展。在课程资源的建设方面，可转化一批精品资源共享课，建设一批有区域特色、学科优势的优质课程，引进一批国家级精品在线开放课程。在有一定数量的优质智慧课程资源的基础上，高校应发挥主导、引领作用，在课程改革和课程质量上抓落实。学校可制定相关文件政策，将建设使用智慧课程资源，探索实践智慧教学模式与教师的事业发展、绩效奖励建立相关联，动员支持教师利用智慧教学服务改造课堂教学。

随着智慧教学的广泛应用，学校要进一步强化自我管理机制，保障智慧教学质量和平台运行稳定。学校要坚持依法、依规管理智慧教学服务体系，按照法律要求，及时将平台在工信部、公安部等有关部门备案审查。规范智慧教学资源建设、应用、引进和对外推广的工作程序，研究制定符合本校情况的审查管理制度，推动智慧教学服务体系的可持续发展。

四、智慧教学服务体系发展建议

对比国内外智慧教学体系建设的典型案例，地方高校在智慧教学服务体系的建设中还存在管理职能不够健全、智慧化环境覆盖率低、前沿技术设施相对落后（如 VR、AI、物联网）以及智慧教学资源应用水平有限等问题。结合未来信息化教育发展的趋势，针对地方高校智慧教学服务体系的建设与管理提出以下建议：

（一）智慧管理向智慧治理转化

智慧教学服务体系从顶层设计到使用运行，会持续伴随技术和产品的迭代升级。在这样的情况下，智慧教学服务体系的设计者、管理者要具有一定的前瞻性，综合考虑高等教育未来发展需求、本校实际需求和发展愿景及产品升级后平台的扩充性、灵活性。因此，高校信息化管理部门在做好政策制定、审查监督的工作以外，应进一步强化制定发展战略、评估建设效果以及提供学校发展建议的职能，重视智慧教学服务体系的发展与学校整体发展规划的联系与互促，形成决策、管理、服务为一体的智慧治理。

（二）智慧教室向智慧校园拓展

结合架构先进、扩充灵活、安全稳定的智慧教学服务平台，地方高校可运用物联网技术，按梯次分批改造教学楼、图书馆和实验室等学习场所，逐步建成"基础物联、虚实结合、智能管控"的智慧校园，提高智慧教学环境的覆盖率。同时，结合二级学院的教学需求，细化智慧教室的功能，形成由远程直播教室、交互研讨教室和虚拟实验室等构成的智慧教室组群，支持教师开展混合式教学、互动式教学与沉浸式教学等新型教学模式。

（三）开放共享资源向个性化资源生成

教育部对国家精品在线开放课程必须开放共享的要求，让地方高校获取了高质量的线上教学资源，满足了地方高校学生对名校名师教育资源的期盼。为避免国家精品在线开放课程在地方高校"水土不服"，实现优质教学资源共建共享，课程资源应由知识型向智慧型转化。基于"教学评"一体化模式，师生在教育教学过程中生成的数据都是对课程资源进行个性化改造的依据。

开放共享的课程资源向个性化课程资源生成的过程，对教师的信息化素养提出了更高的要求。在获取、检索信息内容的基础上，还需加强使用、创造、分享信息内容的能力，以学生每个阶段的评价结果为基础，制作迭代式、趋向动态的个性化课程资源。地方高校可以教研室、教学团队为单位，集群策之力，重点建设内容更丰富、教学目标更明确和教学活动更多样化的小型私有化在线课程（SPOC），实现对优质开放共享资源的吸收、完善和增值。

第四节　高校理论和实践教学生态体系

地震勘探方法在当代油气及其他资源勘探方面发挥着重要作用。《地震资料数字处理方法》课程对地震资料数字处理方法进行详尽的讲解，是勘查技术与工程专业的必修专业课程，课程对数字信号处理方法、地震勘探原理以及计算机技术等均有一定的要求，是一门综合性较强的专业课程。该课程的教学为本专业的毕业生进行实际地震资料处理工作提供了帮助。但是长期以来，各高校对该课程的教学基本局限在理论授课阶段，学生无法有效消化吸收教师课堂教学成果。通常在专业课设置的时候，会安排相关的实践课程作为理论课的有益补充，来提高课程的授课效果。但是理论和实践课在内容和时间上往往是脱节的，学生在学习的过程中往往难以理论结合实践，造成理论和实践课成为两门独立的课程，未起到课程设置的目的。为了提高《地震资料数字处理方法》的教学效果，必须构建理论课程和实践课程相结合、理论与实践课程相互促进的教学生态体系。

一、理论教学的改进方案

《地震资料数字处理方法》课程是一门理论紧密结合实际的课程，但是考虑到学时安排等原因，在实际教学过程中难以直接将课程切分为理论和实践环节，这就要求在理论教学过程中进行教学方法改善，提高进一步进行实践教学的效果。具体在实施过程中，采用了以下的教学改进方案：

（一）理论教学中设置技术调研环节

常规的全班教学是最有效且常用的教学方式，可以让授课教师控制授课进程，能够根据知识点的重要与难易程度进行授课时间与资源的分配。引导学生合理地分配学习精力并根据知识点进行自主学习，但全班教学的方式对优等生则略显不足，不利于提高学生知识范围，不利于培养精英。在这种情况下，个人自学或小组研讨等方式必须作为必要的补充。通过鼓励学生对课堂知识自行拓展，有利于培养学生的创新性和探索精神，特别是对优等生的学习而言具有极大的促进。具体在课程改革中增加了课内新技术调研交流、教师点评环节。为了补充课堂教学对新技术新方法讲解的限制，本课程设置了 3 个学时的读书汇报交流时间。使学生在学习最基本的方法原理的同时，能够掌握专业技术的最新进展。在完成了去噪、反褶积方法的讲解后，会安排同学们进行自主学习，通过图书馆、网络等资源了解地震资料数字处理中涉及的新方法、新思想，并通过文字报告和 PPT 汇报的形式和老师及同学共同分享。报告环节的采用，不仅提高了本课程知识的理解，还有效提高了同学们进行汇报交流的临场能力。很多同学第一次公开做报告就是本课程的文献调研环节。通过同学们的相互学习和老师的点评，有效提高了自己的交流技巧和临场经验。

（二）探索式教学融入课堂

为了提高《地震资料数字处理方法》课程的教学质量，对课程内容与资源进行了建设。通过《地震资料数字处理方法》特色教材的建设，在新的教材中增加了目前新技术的进展，主要增加的内容有反褶积新方法、静校正新方法等。通过新内容的加入，缩小了课程教学内容与实际生产的差距。为了让同学们随时随地可以进行课程的自主参与和学习，在慕课平台和学习通平台开通了课程网站，并对网站进行了内容建设。值得一提的是，在今年疫情情况下，这些网站平台发挥了重要作用，为学生学习、老师指导及批改作业等提供了很大的方便。初步建成了可供学生访问学习的课程网络、教学大纲、授课幻灯片、参考资料、参考论文、实验数据、处理软件及代码等资源，都可以在网站方便地进行下载。为了方便同学们和老师进行交流，每个章节都设置了讨论及测试题环节。课程教学内容紧跟处理技术的发展，以自编教材为主、部分新技术新方法为辅，穿插讲解处理核心算法的编程实现思想。通过引导学生自主进行网站知识和相关专业知识的学习，提高同学们对课堂理论知识的理解能力，提高探索式学习内容在课堂教学中所占比例。

二、理论和实践相结合的课程生态系统构建

《地震资料数字处理方法》这门课程理论性强，对实践能力要求较高。理论课堂的教学通过改进探索式教学和增加文献调研内容提高了课程的教学效果，并融入了部分实践操作教学的授课内容。但是目前对高校毕业生工程实践能力要求较高，只有通过一定的实践教学才能够达到学校对专业工程认证的要求。为此，需要进一步加强本课程理论教学和相关实践课程的融合，提高课堂教学与技术实践环节的结合度。对于一门理论性很强的课程，课堂知识的实践应用可以大大提高学生对课程理论学习的消化理解。为了实现该门课程内容真正的理论和实践结合，将《地震资料数字处理方法课程设计》和《第二课堂：物探专业软件应用》与《地震资料数字处理方法》授课内容及授课时间进行统一的设置，力求做到理论授课能够及时进行实践学习的加强。

（一）第二课堂实践内容的构建

选修了《地震资料数字处理方法》的同学必选《物探专用软件应用课程》。为了达到二课与理论学习课程的有机结合，配合《地震资料数字处理方法》课程内容编写了第二课堂的教学大纲，选择国内首款地震处理解释一体化软件系统 GeoEast 作为学生实践的软件载体。通过积极寻求国家资金支持，购置了 120 节点的大型工作站集群，并购买了 200 台工作站终端，初步建立起了开展二课教学的硬件基础。通过联系中石油东方地球物理公司，和学校签订软件捐赠协议，实现了 GeoEast 正版软件的安装及培训，解决了二课开展的软件基础。目前本专业的年轻教师均可熟练操作该处理软件，为后期二课的开展建立了良好的基础条件。

数字处理的目的是为解释人员提供高质量的地震剖面、有关岩性信息的地震参数和岩石物性参数。要求学生通过学习，掌握常规数字处理的主要方法的基本概念和基本理论，了解参数选择原则和其作用，掌握地震资料数字处理的基本流程以及各种基本处理方法的使用原则。了解各种方法的适用范围、存在问题及解决问题的途径，为其将来从事处理解释工作打下基础。通过进行课程协调，使《地震资料数字处理方法》和《物探专业软件应用》课程基本实现了教学内容一一对应，一节理论一节实践的教学目标。在理论和实践课程结束后，要求所有学生参加"东方杯"地球物理大赛（地震资料数字处理的全国性比赛），保证了课堂教学后能够及时进行实际数据处理操作，加深了对学校课堂知识的理解。通过实际动手操作，反过来理解课堂知识。通过这种模式的构建，有效培养学生进行实际操作和了解学科前沿的能力，使学生基本做到离开学校就可以直接走向生产实践，进行实际地震资料的处理工作。

（二）课程设计实践内容的构建

《地震资料数字处理方法》这门课程涉及大量的核心处理算法，采用课堂理论讲解

加二课实践的方式，确实有效增强了学生对专业知识的理解和专业软件的应用能力，但是要想对核心算法进行深入掌握，除了动手编程实现以外，没有别的途径。如果能够对算法进行编程实现，则可以大幅提高课堂教学效果，有效提高学生对专业知识的理解能力，对学生今后就业或者进一步求学都有很大的帮助。但是课堂教学时间紧张，无法单独安排编程时间。《地震资料数字处理课程设计》最初的目标是让学生熟悉专业软件，更好地掌握课堂理论知识。但是随着第二课堂的开展，这一目标已经不那么重要。经过对专业课程的调整，与其他专业课老师进行协调，将原《地震资料数字处理课程设计》内容从软件操作改变为编程实践。

课程设计要求利用计算机程序语言（具体语言不做限定）对一定的算法进行编程、上机调试，最后输出结果记录。通过对课程关键知识点进行讲解，设立了多个编程题目，囊括了整个地震资料数字处理的过程，也可以实现自选方法的编程。为了保证课程设计效果，安排学生进行分组，保证每组（2~4名同学）均有一个独立题目。课程设计一般安排两周时间，第一周进行基本软件编程及各个算法理论及计算机实现的讲解，并在教师指导下初步搭建所选方法的框架。第二周则进行自由编程，在教师辅导下逐步实现及完善一个处理模块的编程模拟。在两周课程设计结束后，需要提交编制的程序模块，课程设计报告，并提交包含算法原理及编程实现效果和分析的PPT。在每个小组提交课程设计成果的同时，需要小组派代表对程序及PPT进行汇报讲解，并回答老师提出的问题。

通过课程设计编程训练，可以大幅度提高学生对理论课知识点的理解，并且为进一步的学习及工作打下扎实的基础。

（三）综合课程评价体系的建立

虽然通过综合构建理论和实践的体系，课程的实际教学效果可以得到很好的改善。但是，在高校教学体系下，理论课程、课程设计和第二课堂是三门独立考核的课程，在实际教学过程中每一门课都需要有独立的分数。这造成了虽然理论和实践结合的课程体系得以建立，但是课程考核体系仍然是孤立的。显然这对于进一步提高学生的学习积极性，综合进行理论课程和实践课程教学效果的考核是不利的。在综合课程生态网络建立的过程中，必须同时考虑多门课程评价体系的建立。三门不同的课程，总体目标一致，但是每门课具体考核内容有所差异，以培养学生的自主学习和终身学习能力为目标，建立各个学习环节的科学评价体系，实现课程由"单一评价方式"向"多元评价方式"转变。通过对综合性全程式考评机制改革的探索，从根本上改变过去"一考定成败"的学习评价模式，保证客观公正地评价学生的学习效果，激发学生学习的参与度与积极性，形成教、学、研为一体的全新教学改革模式。

理论课程将文献调研汇报作为一项重要的考核内容，在总成绩中占20%的分值。

结业考试试卷出题范围以理论课参考教材为主，结合第二课堂专业软件操作的流程、参数设置和结果分析等，对学生进行考核。使理论考试过程中同时考核了第二课堂专业软件操作能力，促使学生对两门课程进行综合学习，做到实践结合理论的主动学习。同时，在第二课堂结业考核中，将考核分为两部分进行。第一部分是软件操作，使用实际地震数据对学生进行实训后，要求学生提交处理成果，并撰写处理报告。第二部分是理论方法的考核，对理论课程中的知识点，软件操作中的核心算法进行理论考试。最终，第二课堂的结业成绩由理论成绩和实践成绩共同组成，其中理论成绩占比 30%，实践成绩占比 70%。课程设计是在理论课程和第二课堂结束后开展的一门课程，是通过编程实践检验对理论方法和软件操作的熟练程度，并且在编程实践中主动去查漏补缺，完善之前课程中的薄弱环节。课程设计考核以编程思路、编程效果以及方法原理汇报进行综合评定，结合最终的课程设计报告，完成最终考核。

三门独立的课程，在考核过程中相互检查，做到了互相促进、综合考核的目的。课程的考核不仅检查了当前课程的学习情况，同时也对三门课程整体学习情况有所检查。通过这种互相补充、综合考核的做法，进一步完善了课程生态体系。

随着高校各专业按照教育部本科人才培养总体设计，积极参与到专业工程认证工作中来，以往以课堂理论教学为主的单一教学方式已经无法满足要求逐步提高的工程实践能力需求。在培养计划总学时内重新设定配套的实践课程是不现实的，在这种情况下对已有课程进行理论和实践的整体规划，将多门课程进行统一建设，构建出理论和实践相结合的课程生态体系是一个较好的解决方案。在《地震资料数字处理方法》课程的建设中，取得了一些有效的应用方案，这些方案同样适用于高校其他理论课的教学。

第五节　高校教学管理体系的创新与实践

高校的教学管理是对高校中的老师、学生以及其他人员的教学过程进行管理，是对教学方法、教学资源及教学模式等进行合理的、科学的、有计划的和有组织的管理，以实现提升高校的教学质量和教学水平的目的。一个学校的教学管理体系是否健全、合理，教学管理工作是否到位、科学，对整个学校的稳定运行和未来发展有着直接的影响。因此，当前高校的教学管理体系进行创新和实践对提高学校管理水平、提升学校教学质量以及提高学生综合素质都至关重要。

一、高校教学管理体系进行创新与实践的必要性

随着我国社会、经济的发展，我国的高校数量不断增加，高等教育已经由原来的

精英化教育逐渐转变为大众化教育。因此，对当前高校的教学管理体系进行改革和创新是非常必要的。

（一）是我国教育深化改革的要求

随着我国经济的快速发展，我国社会的各个层面逐渐向现代化靠近，截至当前，我国的社会已经发生翻天覆地的变化。社会的快速发展和进步使以前极度匮乏的高等教育资源逐渐增多，使更多的人可以接受高等教育。因此，我国在近些年对高等院校的招生政策予以放宽，降低了高校招生的门槛，各大高校的招生规模不断扩大，每年招收的学生数量逐年上涨，由原来的精英化教育转变为大众化教育。大众化教育带来了学生基数的上涨，导致高校中学生的整体素质相较于以前学校的学生整体素质下降明显，并且学生的素质良莠不齐，素质高低分界十分明显。在这样的情况下，高校必须对原有的教学管理体系进行改革以适应当前的教育形势。

（二）是我国社会迅速发展背景下的必然趋势

我国社会、经济在近些年来发展迅猛，社会的各行各业对人才的需求量逐年增加，尤其是对应用型人才的需求量大幅上涨，对人才本身的要求也越来越严格，需要人才掌握更多的知识和技能。这就要求高校必须对自身进行改进和转变，尤其是对自身的教学管理体系进行改进，以适应社会发展对高校教育的新要求。另外，由于我国近些年在国际上的地位上涨，达到了一个新的高度，我国对于人才培养越来越重视，对整个教育行业的改革力度不断加大，这对高校的教学管理体系来说是一个巨大的挑战，督促着高校的教学管理体系必须进行创新和实践。

（三）一些高校在教育行业中处于不利地位

在我国的教育行业中，高等教育下的高校类型包括普通高等院校、高职院校和成人高等院校等多种不同种类的院校。但是由于我国的特殊历史原因造成了普通高等院校在大多数人看来是我国正规的高等院校，像高职院校、成人高等教育院校都属于旁门左道。长期以来的偏见导致这些院校在我国的教育行业中处于不利的地位，发展受到限制。在这样的情况下，这些院校就必须进行改革，创新教学管理体系，建立完善的教学工作机制，提升自己的教学水平和教学质量，以此来打破当前的局面，以得到更好的发展。

二、我国高校教学管理现状分析

高校作为为社会提供人才的场所，必须具备较高的教学水平才能为社会输出更多的人才。因此，高校的教学管理必须科学、合理，必须有健全的教学管理体系才能保证学校的教学质量。

（一）教学管理的心脏——教学管理观念落后

一个学校的教学管理观念是教学管理的心脏，是教学管理的原动力，是基础。就目前来说，我国高校在教学管理的观念上还比较落后，大部分高校的教学管理观念没有及时更新，还依然沿用着以前的教学管理观念。比较突出的表现如下：一是当前我国大多数的高校注重强调集体精神的重要性，忽视了学生的独立性和个性化发展。二是当前大多数高校的教学管理严重依赖以前的教学管理经验，运用以前的教学管理经验来管理学生，只知道让学生要服从学校的安排，限制了学生自主发展的潜力。三是当前的高校教学管理在遇到问题时，只重视对问题的事后处理，将学生作为发生问题的根源，而对问题发生的真正原因没有充分调查，并且没有做出相应的预防。

（二）教学管理的血液——教学管理方式陈旧

在人体中，血液承担着将营养物质输送到人体各部分的任务，是人体重要的组成部分。在高校的教学管理中，教学管理方式无疑就相当于人体中的血液，是高校教育学生、培养学生的重要手段。就目前来看，我国的大部分高校的教学管理方法还是以行政化管理方式为主。虽然行政化管理比较好管理学生，并且由于长时间的应用，这种教学管理方式相对稳定和成熟。但是随着时代的发展，这种方式的缺陷越来越凸显：一是行政化管理方式是一种命令式的管理手段，学校以这种方式将学校的各种规定和规则强加到学生身上，限制了学生的思想和行为。二是这种管理方式过于注重结果，不会考虑出现这种结果的过程和成因，这让教育失去了本身的意义。

（三）教学管理的骨架——教学管理人员素质较低

骨架是承载所有人体器官的基础，没有骨架的支撑，人体的运行将无从谈起。在高校的教学管理中，不管是教学管理观念还是实施教学管理方法，都需要教学管理人员来实行，他们是支撑整个教学管理运行的骨架。我国的高等教育改革后高校，学生的数量急速上涨，学校管理人员的问题逐渐凸显。一方面学生数量的增加使得管理学生的人员数量严重不足，大多数的学生管理者要面对大量的学生，尤其是在学生遇到生活当中的问题时，数量不足的管理人员无法做到对每一个学生进行辅导，帮助其解决问题。另一方面是师资队伍出现问题。大多数老师认为自身的教学能力、学术能力很重要，忽视了自身对学生的管理能力，导致当前大多数老师的学生管理能力不足，不能胜任当前的教学管理工作。

三、高校教学管理体系创新与实践的有效路径

高校的教学管理体系进行创新与实践是当前高校进行改革的必经之路，是提高自身教学质量、教学水平的重要手段，是适应社会发展的必然发展趋势。

（一）创新教学管理思想，更新教学管理观念

高校教学管理体系的创新与实践就是从教学管理思想、观念开始，从根源上来对高校教学管理体系进行创新实践。首先需要树立以人为本的教学管理思想观念，将学生作为整个教学管理中的主体，以学生的根本利益为基础来激发学生的创造性、积极性及独立性。其次需要树立全方位服务思想观念。由于当前的教学管理是多种要素的结合，不单单是教育单方面的管理。因此，高校的教学管理体系需要树立全方位服务的思想观念，对学生的生活、学习、就业以及工作等进行服务。比如，学校可以通过举办各种关于学习的经验交流会，提供各种娱乐、休闲、运动的场所，建立学生未来就业信息共享平台等方式来分别服务于学生的学习、生活以及未来就业。最后需要树立民主管理的教学管理思想，实行学生自主管理，保障学生的各种教育权利。

（二）创新教学管理模式，使教学管理方式多元化

当今，我国社会经济逐渐全球化和多元化，学生思想也在这样的形势影响下发生了很大改变。因此，高校的教学管理体系也必须适应学生的变化，创新自身的教学管理模式，使教学管理方式呈多元化发展。就目前来说，互联网是当今我国社会发展最快的领域。因此，需要建立和完善以互联网为基础的教学管理方式：高校在教学管理体系上要充分利用互联网的优势，可以通过将一些老师的教学视频放在学校建立的网络平台上，或者在学校建立的网络平台上开放专门的学生交流专区等方法来进行网络教学管理，形成网络教学管理方式。在一些已经应用了互联网的高校，应该完善已有的网络教学管理方式，在一些还没有应用网络教学管理方式的高校，应该加快建设进程。另外，在应用网络教学管理方式以外，学校还可以应用情感教学管理方式、激励教学管理方式等从学生角度关心和尊重他们，对学生的好想法给予激励和支持。这样的教学管理方式不仅利于学校管理，还可以提升学生的综合素质。

（三）改善师资队伍建设，提升教学管理人员素质

由上述内容我们可以看出，一个学校的教学管理体系的建立和实施都是由学校的教学管理人员来进行的。因此，针对当前有些学校的教学管理人员素质较低的问题，可以通过改善学校的师资队伍建设来提升管理人员的综合素质。首先，学校可以通过引进、借调和招聘等方式从外部补充素质较高的教学管理人员，这样不仅可以解决人手不足的问题，还可以提升整个管理人员的整体素质水平。其次，学校可以通过继续教育、校内培训以及校外培训等方式从学校内部提高学校管理人员的综合素质。最后，学校应该在师资队伍建设时，将师资队伍中成员年龄比例进行合理安排，既要保持队伍中有经验丰富的老人来稳定队伍，又要有年富力强的年轻人来增加队伍的创新和活力，进而提高整个队伍的整体素质。

总之，高校作为为我国社会输出高端人才的场所，随着社会的变化必须做出相应

的改变。就目前我国的高校来说，除了上述内容描述的问题以外，还有其他问题存在。比如，教材深度、广度不足，教学资源不足等。因此，对高校的教学管理体系进行创新和实践，可以提升高校的教学水平，使高校为社会提供更多、更好的人才，进而推动我国教育、社会、经济的发展和进步。

第三章　地方高校实践教学体系建设方法

第一节　基于精益思想的高校实践教学体系

我国高校实践教学近几年的迅猛发展致使实践教学体系难以适应，相对于理论教学体系，实践教学体系欠成熟和科学规范。各种矛盾随之产生：学校规模扩大和各处教学实验场地的合理整合的矛盾；教学项目增多与学生实验课时压缩的矛盾；学生的自由时间与实验室工作时间不同步的矛盾；学科发展互相促进与各实验室之间交流闭塞的矛盾等。总体上缺乏理念和主线支撑，致使实践教学体系拼凑痕迹严重。高校迫切需要新的理念和思想构建科学合理的实践教学体系，以保障人才培养的质量。

20 世纪 50 年代日本出现的丰田汽车生产新方式，它从开始推行的适时制（JIT）生产发展到今天更为完善的精益生产（LP），其成功的运作令世界瞩目。大学教育特别是大学的实践教育同工业生产有着十分类似的构造，实质上是人才、知识、能力以及智力资源的生产。

当今社会，理念共享、方法互鉴已经成为推动科学研究和社会生产进步的新思维方式。联合国教科文组织早在 1972 年就曾指出："最近的各种实验表明，许多工业体系中的新管理程序，都可以实际应用于教育。"笔者尝试将源于企业的"精益思想"植于高校实践教学体系构建过程，以期使实践教学体系在高校人才培养的过程中有效地发挥作用。

一、精益思想的起源及内涵

精益思想来源于企业的精益生产方式，精益生产具备工厂组织、产品设计、供货环节、顾客和企业管理等多个生产特征。

精益思想中，"精"表示精良、精确、精美；"益"表示利益、效益等。因而，精益思想意指及时制造，消灭故障，消除一切浪费，向零缺陷、零库存进军。有学者将精益思想概括为五项基本原则，即产品的价值由最终顾客来确定，识别特定产品的价值流，让价值流流动起来，顾客拉动价值流和追求尽善尽美。具体来说，在精益思想的要求下，产品的生产、销售都做到精，其主旨是为客户提供最大的效益，同时为自己创造收益。因此，生产中如何使生产结构趋于合理，如何使产品质量的设计最优，在销售中如何提供给顾客价值的渠道趋于流畅，是生产所要考虑的重要内容。更为关键的是明确每一项流程的价值活动，使产品或服务的每一个环节按最佳次序排列，并顺畅地连续流动。这样才能充分利用制造资源，人尽其才、物尽其用和地尽其利，杜绝一切资源浪费，最终用尽善尽美的过程为顾客创造尽善尽美的价值，实现顾客利益和企业利益的高度一致。

如今，精益思想已经超出了其所诞生的制造业范畴，其思想精髓成为一种普遍的管理哲理，蔓延到各个领域，为不同行业所传播和应用。精益思想发展到现在，不仅只是一种方法，更成为一种理念。这种生产方式的理念与实践，对于在以"人"为生产和经营对象的教育领域中，教学方式的变革无疑有着巨大的启发和借鉴意义。

二、搭建"精益思想"与"高校实践教学体系"之间的桥梁

精益思想源于企业，高校实践教学是教育学的范畴，因此之间需要有一个沟通的桥梁。一是厘清两个不同行业之间相对应的关系，以便更好地应用精益思想；二是认识教育主体和客体不同的表现形式、不同层次丰富的内涵。

（一）高等教育的资源、产品、生产者、顾客以及教育价值的内涵

企业作为一个系统，原料和资源是其输入，输出是产品——面向客户的产品。产品是通过企业的员工在生产过程中不断地对其加工增值后的产物，所拥有的价值由客户决定。

毫无疑问，学生是教育资源的供应者，其自身素质也即教育的入口质量包括其学习的态度、方法以及需求等也必然会影响到教育产出的质量。客观地，学生在高等教育中的角色应是多元的。有视学生为产品，或视学生为服务对象等不同教育产出观。两种观点从不同视角反映了高等教育产出的某一特定侧面，具有相应的合理性和科学性。笔者赞同高等教育产出是"教育服务"与"人才产品"的辩证统一观点。

教师作为高校产品加工者的身份易于理解和被接受，而学生作为教育的合作生产者的角色却是隐喻的。一般企业生产的有形产品，其生产与消费过程是分离的，而一般的服务性行业的产出是以优质的服务为衡量标准的。而高校的教育服务，其生产过程与学生的教育消费过程不可分离。在生产过程中，学生一方面具有原材料的性质，另一方面也表现出生产者的属性。不同的学生付出不同的时间、智力和体力，必然会出现不相同的结果。

因而，学生不仅仅是教育的产品，同时也是教育的购买者（学费）、消费者和使用者。从后者意义上可以说学生就是教育的顾客，但学生毕竟没有收入，背后出钱的购

买者是学生的家长。学生及家长对教育需求的真正目的还是以为了使学生将来能在社会上很好地生存为目标，作为一个完整的人，学生个人的兴趣和意愿也绝不容忽视。这就为我们怎样去定义教育的价值提供了一个明确的方向：既要满足社会对人才的需要，也要兼顾考虑学生个人兴趣和发展。

当今世界，科学技术的迅速发展使得许多重大问题都变得非常复杂且具有综合性，全球经济一体化趋势更为明显，综合国力竞争日趋激烈。教育的功能将不能只适应社会的需要，而是要设计未来。因此，培养什么样的人才是首要考虑的问题。综合国内外的未来学家们的展望，比较一致的看法是：思想开放，易于接受新事物，善于用新观点冲击旧思想，具有发明创造的能力；善于观察思考，勇于发表见解，对各种意见不以人的地位、年龄、辈分论高低，具有从事科学研究的能力；勤于学习，善于学习，具有获取、整理和运用信息情报的能力；具有组织管理能力和社会能力等等。

未来社会对人才的需求是高等教育最重要的办学目标，是承载此目标的高校的课程体系的价值指向。借当今学术界对课程价值多种取向的研究，笔者认为，高等教育培养体系应该以关注学生个人发展为本，将社会对人才的需求转化为课程体系设置的价值取向，并使之符合高等教育生态化发展规律的要求。

（二）高校实践教学中"准确识别价值流"的内涵

在精益生产过程中，价值流是指从原材料转变为成品，并给它赋予价值的全部活动。这些活动包括：从概念到设计和工程到投产的技术过程，从订单处理到计划、送货的信息过程，从原材料到产品的物质转换过程，以及产品全生命周期的支持和服务过程。正确地确定价值是精益思想的基本观点，如果说准确地识别价值流是精益思想的准备和入门的话，"流动 Flow"和"拉动 Pull"则是精益思想实现价值的中坚。精益思想要求创造价值的各个活动（步骤）流动起来，强调的是不间断地"流动"。"拉动"的概念实际上根据需求实现适时制的生产，对应高等教育可以引申为适时、适度和适量的教育。一个学生从入学到离开学校所经历的全部成长过程就是高校服务学生包括学生自己对自己加工的增值过程，即高等教育的一个价值流。自然这个价值流的活动包括从办学理念、学科设置、课程体系设计、实验室和实践场地的建设、教学实施和管理等一系列对学生培养和服务的全过程，其流程如下：学生入学→基础课学习和实践→专业课学习和实践→专业实习→毕业设计→毕业→社会。在实践教学中识别价值流，就是在教学环节的价值流中，找出哪些是真正增值的活动，哪些是可以立即去掉的不增值活动。基于精益思想，将在实践教学过程中消耗了资源而不增值的活动认为是浪费。因而，高校实践教学中识别价值流，就是发现实践教学中的浪费和消灭这种浪费。

三、基于精益思想对高校实践教学体系的构建

（一）我国高校现有实践教学体系的问题

高校实践教学模式（或狭义的实践教学体系），通常按能力增长规律构建，包括基础实践、专业实践以及综合实践三个层次，以此实现培养人才多元化。对于一二年级的学生而言，要注重让学生建立起工程的系统概念和进行扎实的通识基础科学原理课程的实验训练，为后续课程的学习提供工程背景、训练基本技能。这一层次的实践平台主要依托基础实验教学中心。第二层次的实践主要依托按学科专业大类搭建的院级本科专业教学实验平台，旨在加强学生专业基础与基本科研能力的培养。第三层次的实践以本科生学科竞赛、生产实习、毕业实习及毕业设计为途径，加强综合技能、社会实践能力的训练，培养学生的创新意识和创新能力，采取校内实践基地和校外实习相结合的办法。以精益思想来分析我国高校实践教学体系所存在的问题，主要是查找教学过程中形成的浪费，分析浪费产生的原因和解决办法，以最少的投入，获取最大的产出。

（1）实践教学体系的非整合状态。现有高校实践教学体系简单堆砌现象普遍：依附于理论课程的实践教学环节被简单纳入实践教学体系，各相对独立的实践环节特别是实验课程都有自己相对封闭的价值取向，没有关注与其他实验课程之间的内在联系，与社会沟通的困难造成校外合作的实训基地处于发展不稳定阶段。例如，理工类高校学生基本必修"大学物理实验"和"电子技术实验"课程，而两门课程中存在电磁学领域的内容交叠，如何理顺并突出课程特色必须综合考虑。这种"浪费"仅从课程名称的表象上看无法识别，是隐喻的，必须审核承载各门实践课程的内涵。各实践环节的封闭、重叠等现象必然导致实践教学体系不是一个整合的、有效的整体。

（2）实践教学布局和实验仪器配置中的浪费现象。国内许多高校都横跨几个校区，一般本科生所在校区与科研场所处地理位置不同，即使在同一个校区也分布在不同的学科大楼。因此，仪器设备会有重叠，特别是大型贵重仪器的重复购买以及使用率不高，造成很大的浪费。有些院校将教学实验室、实践实训场所集中于一幢大楼内，很大程度上方便了学生的实践活动，也便于学校的集中管理和仪器的维护使用。教师对于初涉实践教学环节的低年级学生而言，其指导作用不容忽视。但是教师的主要精力都会投入科研，特别是"研究型"的教师，他们平时会身处远离基础教学实验室的科研实验室，这势必会给师生间的沟通造成一定的障碍，又是一种浪费。

（3）实践教学的质量监控和评价体系不完善。实践教学一般沿用传统的目标管理模式，缺乏过程管理的特性，缺乏对过程行之有效的监控。对于质量的控制重点应放在教育工作效果的"末端检验"上，事前控制差，对学校教育质量的评价基本上是终

结性评价。而实践教学环节的考核方式，多沿用课程教学考核方式，对学生的工程实践能力和创新能力缺乏一个整体的特别是过程评价，学生毕业时所出具的成绩单，根本无法体现其实践能力和创新能力。因此，这就导致大部分学生对实践性环节缺乏兴趣，教师也不够重视，学生的实践能力和创新能力得不到真正的锻炼，也无从体现。

（二）对实践教学体系的价值流图分析

发现实践教学体系中的浪费可以借助价值流图分析法。对教育而言，有两条至关重要的流动路径：①学生作为产品角色从入校到达社会的生产流程；②高校课程设计以及其他管理的流程。价值流就是使一个产品通过这些主要流程所需要的全部活动，包括增值活动、必要但非增值活动和非增值活动（浪费）三类。价值流图分析法有助于观察和理解产品通过价值流过程时的物料流动和信息流动，以及其中的增值和非增值活动，从而发现浪费和确定需要改善的地方。

运用价值流图分析法查找浪费环节，其思路是：按照精益思想的观点，对于单个学生而言，只能选择体系构架中所有可能组合的实践路径中的一条形成自身增值的价值流。所有学生所选择的价值流在体系框架中形成的汇流脉络可清晰地看出：哪里是干枯的河床，哪里就可能是资源浪费之处。河床干枯的原因通常有学生对某些实践教学的内容或者形式不感兴趣，不选择此路径，这里的资源就会浪费。哪里的河床太拥堵或密集，说明教学的资源或者仪器设置得不恰当，需要扩流。哪里流得不顺畅，比如某一个或某一些价值流在某个环节处存在脱节，有可能是某些关键环节存在桎梏，需要疏通。哪里产生漩涡或回流，有可能某些实践教学要素不断地被重复，耗时多等等。

（三）应用精益思想精益流程，构建科学合理的实践教学体系

实践教学体系的运作就其驱动、受动、调控及保障层面而言，主要由四个分体系支撑：教学目标、教学内容、教学质量监控与管理以及教学条件保障体系。

（1）精确地定义实践教学体系的价值。实践教学目标体系在整个体系中起驱动作用，是先导。实践教学目标是指学生通过实践教学活动后，在基础和专业技术应用、综合能力和创新能力上所应达到的标准或水平。

按照精益思想，应该通过解读社会、未来社会对人才的需求以及在以学生为本的原则下，构建高校本科生一体化的实践教学目标。实践教学是一系列教学活动的组合，因此，有关实践教学的一切环节，均要有明确的目标、内容、组织形式和考核评价指标。实践教学体系的构建至少存在"从上至下"和"由下至上"两种方式。所谓从上至下即由整体目标出发进行目标分层（以学生为本，按能力增长规律）并将落实于相应的实践教学各层次环节。由下至上则是根据现存的实践环节提炼和整合进行建构。笔者认为从上至下的设计方式站位更高、视角更广。在构建能力本位的渐进式实践体系过程中，依然要以学生个体价值流的设计以及顺畅流动为线索。

（2）准确识别实践教学价值流，构建一体化内容体系。实践教学内容体系是实践教学体系中的核心部分，是实践教学目标体系的具体体现。依据能力本位的渐进式实践体系，通常分为三个不同的层次。

在构建实践内容体系时，依然以单个学生实践价值流为线索，以所有学生价值流为基础，寻找能承载实践教学目标、实现价值体系的实践内容和实践教学模式。要适时跟踪科技发展，特别是注意学科交叉的新动向，不断地注入新的内容。坚持以学生为本，保证实践内容的丰富多样以供学生根据自己的兴趣和爱好进行选择。突出实践模块特色，论证好不同层次、不同实践模块之间的关系，帮助学生尽可能避免由于不同模块的选择有可能造成的价值重叠浪费。

（3）优化教学管理流程，提高实践教学管理效能。精益思想的关键是流程，识别创造价值的流程是精益思想的基本原则。实践教学管理工作也是通过一系列相互关联的业务流程完成的，保证教学管理各项流程的畅通和快捷是教学管理效能的关键所在。

可用价值法分析院校及各部门哪些是创造价值的工作，哪些是不创造价值但是必须要干的工作和哪些是无效劳动，对上述三种情况进行分类。分析判定创造价值的工作流程是否科学快捷，不创造价值但必须要干的活是否能够简化，无效劳动能否剔除。同时应该合理利用资源，最大限度地做好资源共享，避免重复投资，让有限的设备发挥最充分的作用。另外，要加强实验室工作人员的管理，推进实验室管理规范化、制度化、标准化和高效化建设等措施来完善教学实验条件，确保实验教学质量提高。

（4）将全面管理质量观嵌入实践教学及其管理过程。精益生产融合了全面质量管理的思想。完善的、严格的质量控制是精益思想的一个重要方面，质量管理已经进入全面质量管理（TQM）阶段。全面质量管理是综合的"三全"管理：全面质量观念，不仅仅指教学质量管理，还包括与人才培养有关的所有的工作的质量管理，全过程的质量观念和全员（包括学生自身的管理）的质量管理。

高校实践教学是一项复杂的系统工程。与工业生产及产品相比，质量载体明显不同，因而造成影响质量的因素、质量形成的周期以及质量特性等方面的差异，也由此导致教育质量管理有不同于工业质量管理的特殊性。传统的终结性质量检测的目标管理模式，缺乏过程管理的特性，缺乏对过程的行之有效的监控，这种模式对于高成本的、不可逆转的人才的培养过程而言，一旦教育质量出现偏差，往往造成无法弥补的损失和严重的后果。

依照TQM理念，教学质量是形成于教学全过程的，强调将质量观念嵌入管理过程的重要性，而不仅仅是事后评价。在教学的全过程中，使影响教学质量的关键因素和关键环节始终处于受控状态，一方面以预防性的活动控制教学全过程，避免发生质量问题。同时一旦发生失误时，及时地做出反应，通过调整和改变影响教学质量诸因素的状态，有效地纠正失误。

预防性的质量管理。在 TQM 看来，所有工作都是通过过程来完成的，所有结果也都是通过过程来实现的。提高质量的良方是预防而不是检验，开展预防式的过程控制是提高教学质量的重要保证。重视质量标准的直观易懂，增强质量的"可见性"，细化实践教学，真正做到人有定岗、岗有定责，处处有人管、事事有规程，有方法指导、有质量标准要求。即事前有标准可查、可依，做正确的事。教学质量体系事前控制为主，强化源头的质量意识，可以有效主动预防和纠正低质问题，不仅极大地降低了教学管理成本，而且能真正提高管理的有效性，克服了传统管理方式在低质量已经成为一种难以改变的事实之后，被动应付而又收效甚微的弊端。

实时监控的质量管理。实时监控质量管理可采取专家督导组、同行评教等办法，对实践教学活动、环节、各种教学改革方案和管理制度等进行咨询、督导和引导。

TQM 的第三个理念是质量管理的全员化，也是高校的质量文化全体人员参与质量管理，自我检查，自我纠正，不断改进方案。全员不仅仅包括高校所有的教职人员，还包括在高校教育过程中扮演多元化角色的学生。学生群体不仅是承载教育质量的主体，同时也是提升和构建教育质量的主体。建立一套完整、科学的学生评价体系，通过自评、互评和他评的途径对学生的参加实践教学的各个环节进行质量监控，以便时了解学生实践情况，并对实践环节出现的问题及时进行解决和调整。让学生参与实践教学质量评价的政策引导，既能增强他们自身作为教育主体的意识，也是一种学习目标和培养方式。

分析高校实践教学现行体系，引入精益思想。对高等教育中的资源、产品、生产者、顾客以及教育价值进行了分析，对高校现有实践教学体系的价值流进行了分析，给出了科学构建高校实践教学体系的建议。

第二节　现代教育技术与高校实践教学体系

近年来，随着数字化技术在教育行业中的应用，将数据化技术与高校日常教学课程有效结合起来，高校学生可以基于数字化等教育信息技术身临其境的主动学习。随着高校教学方式的优化和改进，当前高校培养人才的主要途径发展为实践教学。实践教学不仅提升了学生的理论水平，还提升了学生的实践能力。将实践教学体系应用于高校教育中能够培养学生的实践能力、劳动观念，提升学生的创造能力。

虽然实践教学已经初步应用于高等教育中，但就现在的应用效果而言，实践教学效果仍不容乐观。主要体现为实践教学课堂效率降低、缺乏教学媒体的支撑、无法实现因材施教以及仍然存在重理论轻实践的问题。因此，鉴于上述实践教学的现状及所存在的问题，应科学地将现代教育技术与实践教学体系整合在一起，充分发挥实践教学的效果，提升高校学生理论水平和实践能力。本节根据当前实践教学体系所存在的问题，提出相应的改革方案和措施。

一、现代教育技术在高校教学中应用现状分析

（一）现代教育技术概述

所谓现代教育技术指的是将现代科学技术应用于传统教育中，使得教育技术更具时代化、科学化和系统化。具体说来，现代教育是以现代教育理论和现代信息技术为基础，将其应用于日常教学过程中，并对相关教学资源进行设计和开发，采用科学的评价方式对教学效果进行评价管理，最终达到预期的教育效果。

（二）现代教育技术现状及发展趋势分析

传统教育技术包括投影媒体、电声媒体等。现代教育技术是以传统教育技术为基础实现的。因此，现代教育技术的发展离不开传统教育技术的支持，在发展过程中不能忽视现代教育技术的作用。

目前，网络教学已经逐步应用于高校教学中。从教学质量、效率等方面来看，网络教育相比非多媒体教学手段具有明显的优势。在此形式下，要求教师不断学习并完善自己，确保自身的教育观念与时俱进，为最终提升教学质量奠定基础。

随着多媒体计算机的逐步推广，将计算机交互功能与电视机所有视听功能结合在一起，形成一种图文并茂的人机交互教学模式，大大提升了学生自主学习的兴趣，最终提升教学质量。

随着网络教学和多媒体计算机教学在高校教学中的应用，人们逐步认识到以计算机为核心的现代教育技术在高校教学中的重要性。因此，现代教育技术的多样化是未来教学技术的发展方向和发展趋势。

二、现代教育技术在实践教学体系中的作用

（一）高校实践教学体系概述

实践教学体系指的是将理论教学与实践教学有机结合起来。根据教学目标为学生设计相应的实践教学环节，将上述教学环节有机结合起来形成实践教学体系。

近年来，社会各个行业对学生的动手能力和创新能力提出更高要求和挑战。如果仅依据传统的教学理念和教育技术对高校学生进行教育，最终的教育效果很难达到当前的目的和要求。因此，需要将现代教育与实践教育相结合，二者相结合的必要性主要体现为以下几点：

现代教育技术在高校教学中的应用能够有效提升教学质量，拓展学生的知识结构和范围。

将现代教育技术应用于实训、实习以及毕业设计等实践教学环节中，充分发挥现代教育技术的作用。比如，现代教育技术可有效解决某些高校缺乏实习基地造成学生无法动手操作的问题，学生可通过虚拟仿真技术开展模拟实习。

现代教育技术在日常理论教学中的应用可有效拓展教师的教学深度，真正将日常的教学任务融入信息时代中。

（二）现代教育技术在实践教学体系中应用的必要性

简单地说，现代技术在实践教学体系中的应用对高效提升高校教学质量起到事半功倍的效果。实践教学体系的内容模式千差万别，根据不同的实践教学模式，教育技术的应用程度也各不相同。

目前，应用于高校教学中的实践教学媒体包括纸笔媒体、道具媒体、视听媒体、网络媒体、综合媒体以及现场实践媒体等。其中，纸笔、道具及视听为当前的通用教学媒体。网络媒体是实践教学体系中特有的媒体。现场实践媒体是实践教学体系最具生命力的教学形式，也是未来实践教学体系的发展方向。

以网络虚拟环境为代表的现代教育技术在实践教学体系中的应用能够为高校学生提供一个全新的受教育环境，使得传统教学从时间、空间等角度得到延伸，大大提升了高校学生学习的自主性和自觉性。此外，现代教育技术的应用将动态开放的实践教学体系形成了反馈回路，确保了实践教学体系的完整性。

三、现代教育技术与实践教学体系整合的保障

为确保现代技术能够与实践教学体系充分结合，最终达到从根本上提升教学质量和教学效果的目的，我们应及时了解高校的人才培养情况以及社会对人才的需求情况，并制定相应的政策和目的。

（一）人才需求的调查

1.企业对高校毕业生的需求调查

为了保证实践教学体系的最终效果，确保人才满足社会的需求，高校应充分了解企业对毕业生的要求。通过对社会人才需求的调查，重新定位高校人才培养的实践教学体系，充分发挥现代教育技术在实践教学体系中的作用，进一步提升学生的就业能力。

2.企业对人才规格要求的调查

为了确保高校毕业生满足企业需求，应从知识、能力及素质三方面严格要求高校毕业生。通过相关调查研究可知，企业首先关注的是毕业生的知识储备，尤其是关于信息技术和外语知识的储备。其次，关注的是毕业生的创新能力、自我学习能力以及创业能力等。最后关注的是毕业生的团队合作精神、敬业精神等素质。因此，现代教育技术与实践教学体系相结合的教学模式中，应该首先拓展学生的信息技术和外语水

平，其次才是培养学生的相关能力和素质。

（二）提升教师队伍的素质水平

为确保现代教育技术能够在实践教学体系中发挥作用，对高校教师提出以下要求：要求高校教师了解多种教育技术的应用，并具备丰厚的知识储备和丰富的教学经验，以保证教师能够满足各种实践性教学的需求。

现代教育技术的应用赋予高校教师新的内涵。教师在实践教学环节不断根据需求改进教学方法，在课堂教学中引导学生利用先进教育信息技术和信息资源开展相关的研究性学习，不断提升教学质量。

在现代教育技术逐步推广的形势下，开展校企合作培养"双师型"教师。其一，将本校教师派到企业进一步丰富其实践经验，提高专业技术能力。其二，从企业引进工程师到校为学生授课，注重学生实践技能和科研能力的培养。

为教师制订专业素质培养方案，改变教师的传统观念，使其主动使用现代教育技术，从根本上提升教师的探索精神和教学改革的创新意识。定期对教师开展实践教学的培训，在提高理论知识讲授水平的同时，提升教师的教学和实践能力。

近年来，随着科学技术和信息技术的发展及其在传统教育技术中的应用，逐步发展为现代教育技术。为了保证高校毕业生能够满足社会企业的需求，实践教学体系已经广泛应用于日常教学中。为进一步提升教学质量，应将现代教育技术和实践教学体系有机结合并应用于日常的教学环节中。此外，为了确保二者结合教学模式能够顺利实施，应根据高校实际情况从硬实力和软实力两方面为其提供保障。

第三节　产业集群与应用型高校实践教学体系

一、产业集群与应用型高校

（一）产业集群的内涵及发展驱动力

产业集群是指行业内性质、发展方向趋近的企业以及相关机构聚集在某一区域内的现象。产业集群的厘定首先包含了竞争性。行业性质及发展方向趋近表明了其中企业的核心产品在价格及品质上有较高的相似性，因此在自由市场中容易形成竞争性。竞争性一方面可能使难以适应市场需求的落后产品以及企业被淘汰，但从另一个角度看也是促进产品不断精进、企业不断发展的动力，这也正是产业集群的优势所在。其次，产业集群内涵的划分还包括了产业链的完整性。单是竞争性的经营单位相聚不能称为产业集群，产业集群中除了包含产出核心产品的企业与机构，还包含上下游相关机构。如输送人才的院校研究机构、实现资金调度的金融机构以及相关原料的供应机构等，以此形成自给自足的闭环生态系统。最后，产业集群厘定的必要条件还包含了客观现实条件的限定，即在地理区域内的聚集。地域范围跨度大不利于内部相关机构之间的资源运输及调动，无法形成产业集群。

产业集群的产生与发展有其内驱力和外驱力。首先，产业集群的发展内驱力在于企业产品发展的内在需求。随着科技的迅猛发展及信息传播的效率提升，信息不对称性逐渐减少，借助网络等资源获取行业信息难度降低，可见市场条件下企业之间难以形成壁垒，难以以绝对垄断的优势发展。因此，企业自身需要不断的自我发展以保障自身的竞争力。而把发展的眼光扩大至宏观视野内，团结一定区域范围内的相似企业，实现资源与技术的交流互换是更为高效的发展思路，产业集群应运而生。

其次，产业集群发展的外驱力在于社会经济发展的客观需求。随着社会经济的发展，群众的需求也随之发生了一定变化。首先，在心理上，群众已摆脱了战争、饥荒等大政治环境变化所可能带来的缺衣少食、随时面临生命危险的不安全感，逐渐减少了大量囤货、只求低价量多的心理行为。由此，在客观需求上，社会对物质产品的需求也已不再停留在简单的从无到有、从少到多的存在和数量上的要求，而逐渐转变为对品质的需求。家庭小作坊式的生产方式已逐渐难以匹配现代社会经济发展对品质的需求，究其原因，一人或几人的简单分工难以完成在产品制造过程中所需要的完整流程管控、品质保障、创新改良与技术革新，这也从外在需求上推动了产业集群的发展。

（二）产业集群与高等教育结合的必要性与必然性

由产业集群的内涵可见，产业集群中包含产业相关的院校，以实现产业人才的输送与产业研发创新的功能。可见高等院校是产业集群中不可忽视的一环，即产业集群与高等教育结合有其必要性与必然性。

首先，教育对培养人才的先驱性使产业集群与高等教育结合具备必要性。教育在人才培养上具有前瞻性，教育目标乃至具体教育内容的设置都以社会客观需求为导向。同理，产业集群背景下社会对人才的创新能力、管理能力上都有新的需求。为了达到社会对人才的需求，需要通过相关机构进行有目的、有方向的培养和引导。而高校作为承接基础教育与社会实践应用的教育阶段，有优质的师资和相关政策的扶持，根据产业集群发展需求输送相应人才有得天独厚的优势以及义不容辞的责任。因此，有必要通过高等教育为产业集群发展输送人才。

其次，应用型高校的发展定位使之与产业集群相结合具有必然性。应用型高校是指高校的发展定位以能产出具有实用性的实际成果或产生经济效益为导向。应用型高校的定位与研究型高校相对，不以纯理论研究与思辨探索为重点，而注重把理论转化为实际应用的人才培养。应用型高校是高等教育改革中地方高校的发展趋势所在。究其原因，一方面地方高校获得的科研经费主要来源于地方财政，相比于部属高校和中央高校，较少其他财政经费来源，而理论研究的投入具有回报应用周期长、不确定性风险高等特点，地方高校的经费若大量投入至纯理论研究中并非是其最高效的发展方式。另一方面，地方高校生源水平及师资力量有限，更多学生志不在于高深的理论研究，而在于获得实际技能以自身发展推动地方发展。由此，地方高校立足于应用型人才的培养与应用成果的产出更为实际，也对促进地方经济发展、带动社会发展更有立竿见影的效果。同时，产业集群的出发点也是通过产业联合发挥地方优势产业的最大效用，其根本也在于实现经济的发展，与应用型高校的立足点是一致的。因此，应用型高校与产业集群殊途同归的价值取向决定了两者的结合具有必然性。

二、产业集群对应用型高校工商管理专业办学定位与特色的影响

工商管理专业是立足于产业发展、商务管理的专业，旨在培养以系统统筹的眼光构建企业、行业、产业乃至区域经济发展蓝图的人才。工商管理作为一门社会科学，在各高等院校中是热门专业之一，不少院校甚至以工商管理专业为核心专业发展出相应的专业群并形成工商管理学院。可见无论在招生规模还是在培养投入上，工商管理专业都是不可忽视的重要专业。同时，如上文所述，在与产业集群结合的过程中，应用型高校以培养实践型应用人才为出发点与立足点。因此，以工商管理专业作为高校与产业集群结合研究的切入点具有较高的代表性。

据此，厘清产业集群对应用型高校工商管理专业办学定位与特色的影响是进行实践教学体系构建的第一步。首先，产业集群背景下，工商管理专业的办学定位应以市场为导向。应用型高校培养的工商管理专业人才应该能直接在产业集群背景下的企业管理中发挥作用，这决定了其在院校学习阶段接受的内容应具备实用性及与市场实际情况的接轨性。而在实际市场环境中，面临的工商管理问题通常不是以单项科目的形式存在的，也并不像理论解题一样有严格的无关条件控制。市场环境中的企业管理问题往往具有较高的复杂性和变化性，前者体现在产业集群下的工商管理问题可能糅合了市场营销、财务分析和人力资源管理等多方面的问题，后者则反映在随着市场环境的变化，工商管理也要不断做出调整。因此，结合产业集群背景下的市场实际环境，工商管理专业需要培养复合型人才。

其次，产业集群背景下应用型高校工商管理专业应突出地方产业特色。产业集群主要有创新产业集群与资源产业集群两大类。一方面，创新产业集群更侧重知识概念、技术、模式上的不断突破。如北京"中关村"、杭州高新技术园区等就是以互联网与信息技术为核心的创新产业集群代表。对于创新产业集群地域中的应用型高校工商管理

专业设置，应该结合创新型人才创造力强但稳定性较低以及创新产业更新迅速等特点，培养行业触觉敏感、沟通能力强的工商管理人才。另一方面，资源产业集群以资源（尤其是自然资源）的开发利用为主。此类产业集群在地域上主要集中在资源丰富的西北地区与东北地区，以重工业等产业为主，条件较为艰苦。对于为资源产业集群输送人才为主的高校，在工商管理的人才培养上应该注重培养资源分析、人才挖掘与育留等方面的能力。由此，根据地方产业集群取向的不同，应用型高校在工商管理专业定位设置上也应该因地制宜。

三、基于产业集群发展需求的工商管理专业实践教学体系构建

在具体操作层面上，基于产业集群发展需求的实践教学体系构建，应包括实践教学内容体系、形式体系及保障体系三个维度。

（一）多维度的实践教学内容体系构建

工商管理专业的实践教学内容应略领先于产业集群发展，才能更高效地为其输送适宜人才。

首先，应用型高校工商管理专业实践教学内容应领先于产业集群人才需求变动。产业集群的发展通常经历萌芽、成长、成熟和衰退等阶段。不同阶段对于工商管理专业人才的具体需求也有所偏重，这也决定了实践教学体系的内容侧重不同。第一，对于处于萌芽阶段的产业集群，通常由行业中具有领先地位的龙头企业引领发展，管理意见与发展蓝图规划集中在相对较少的领先意见中。因此，对工商管理顶尖高端人才的需求相对较弱，对架构呈现与管理思想方案形成的中层工商管理人才需求相对略多。同时，产业集群萌芽阶段有较大的发展空间和空白，因而对具体理解执行的基层工商管理人才需求量最大，即萌芽阶段的产业集群对高端、中层和基层工商管理人才需求数量逐渐增加，结构呈现金字塔形。此时，应用型高校工商管理专业实践教学中的课程设置应围绕具体事务实操内容的设置为主，保障专业人才在方法操作上的纯熟，而对于高端及中层人才的培养，可通过小组、班级领导选拔的形式进行集中培养。第二，对于处于成长阶段的产业集群，需要更多高端工商管理人才为其发展贡献决策，其人才需求结构呈倒梯形结构。在应用型高校工商管理专业实践教学内容设置上，应注重项目实践内容的设置，以具体项目的实践培养工商管理人才的全局视野与决策能力。第三，对于成熟阶段的产业集群，制度框架相对稳定，需要更精准的呈现与完善，因而对中层工商管理人才的需求更迫切，整体人才结构呈现纺锤形。由此，在实践教学内容设置上，应注重对架构呈现与完善能力的培养。第四，衰退阶段的产业集群工商

管理人才需求与萌芽期类似，在此不再叙述。

其次，实践教学内容应具备包容性和针对性。一方面，如上文所述，产业集群背景下应用型高校应培养能适应市场工商管理实际问题解决需求的复合型人才。同时，综合性课程和融合性课程也是新课程改革的重要方向，旨在突破传统学科的局限，使课程设置更符合当代学生的发展需求。因此，应用型高校工商管理实践教学内容的设置，应注重学科融合与发展，提升教学内容的包容性。首先，可融合已有的学科，如融合财务管理、人力资源管理和企业实用法务等学科内容至现有工商管理课程内容中，培养综合性人才。其次，对于尚未划分出具体学科的新兴研究方向，可根据人才培养需求以选修课等形式实行灵活的培养内容，如通过企业调研获取数据，并在教学中通过电脑实操进行信息化工商数据管理的实践教学。另一方面，根据各地不同产业集群类型的差异，实践教学内容设置还应具备针对性。如针对创新产业集群为主的地区，在工商管理人才的培养中应注重信息化、网络化工具的使用，在教学内容设置中侧重探究性问题的提出，给学生更多灵活发挥的空间以培养创新思维。同时，针对以资源产业集群为主的地区，地方应用型高校应认识到此类产业集群的特点在于其模式传统、发展时间长以及对自然环境依赖程度高，因此在工商管理专业实践教学内容设置上需要更侧重流程化管理、标准化制度建设等内容实践教学，以培养专业度高的工商管理人才、提高资源产业集群的规范性。

（二）合作性的实践教学形式体系构建

产业集群的内涵之一是通过相似性产业的聚集提升产业整体竞争力和促进产业发展，即发挥产业集群优势的本质在于以合作突破个体力量的限制。因此，应用型高校工商管理专业的实践教学在形式上应从多方位发挥合作与团队的效用。

首先，可实行线上线下相结合的实践教学形式。线下实践教学是对工商管理内容的实际操作，而线上教学则可突破时间地点的限制，实现全面的把控与调节。同时，线上教学中可以引入更为丰富的互联网师资资源和信息资源，便于实现学习灵感的平等共享交流，实现实践教学信息与案例的更新。在具体操作上，可通过线上沟通形式分享工商管理实践案例视频，通过线上网络进行团队分工、决策投票等，再通过线下形式集中讨论，共同演练。

其次，模拟与实操相结合也能体现合作性的工商管理实践教学形式。通过模拟工商管理情景，一方面能使实践教学生动性更强，另一方面也缩略了实际工商管理环节中于环节管理的无关情景，直击管理问题，为实践教学赋予了更高的灵活性与针对性，从心理上和行为导向上为工商管理专业学生的发展奠定了基础。在具体操作上，可通过沙盘模拟、角色扮演等形式进行。此外，模拟实践教学虽然具备较高的生动性与灵活性，但仍然无法完全拟合实际工商管理中的复杂性。因此，工商管理专业的学生在具备了一定的实践基础能力后，仍需结合实际操作的形式进行人才培养。具体形式可通过校企合作挖掘实习岗位，政府合作提供实践项目等形式进行。

最后，在工商管理专业实践教学中，还可以采用课堂教学与比赛相结合的形式。传统的课堂教学以讲授为主，在实践教学层面上的体现更多通过案例讲解的形式实现。为了全面培养工商管理专业实践型人才，可将传统课堂教学形式与比赛相结合。一方面可在课堂教学过程中渗透比赛概念，以赛促学，使之与产业集群的竞争性内涵相接轨。如分组讨论相同的工商管理案例，再以投票的形式评选出解决效果较优的方案，以不同小组之间的切磋交流促进实践能力的提升。另一方面，可把真实案例作为素材，通过专题比赛的形式，结合产业集群类型进行工商管理实践能力相关的比赛，突破班级和年级的限制，促进工商管理专业学生实践能力的整体提升。

（三）多元化的实践教学保障体系的构建

实践教学体系的构建与产业集群需求相适应，由于产业集群中面临的工商管理问题具有较高的机动性和灵活性，因此还需要设置相应的调整性保障体系。

首先，应为实践教学提供时间保障。实践教学的意义在于培养工商管理专业学生解决产业集群管理中的实际问题，而实际问题不同于专业理论学习，可通过时间规划进行解决。因此，需要提供相对连续的时间保障实践教学的连贯性。如在教学计划中划分出"实践月""实践周"，为实践提供连贯的时间，保障实践教学的系统性。此外，除了在教学计划中通过统一规划的形式保障实践教学的时间，也应充分鼓励工商管理专业的学生自主寻求实践学习的机会。可通过项目申报的形式为学生提供实践教学指导，并给予学分奖励，将实践成果纳入考评成绩等保障措施。

其次，应为实践教学提供经费保障。由于模拟与实操是实践教学的重要形式，为了情景的真实性与教学有效性，必然会产生实际物资的消耗。因此，有必要通过教学经费倾斜、产业合作以及政府扶持等形式为工商管理实践教学提供经费保障。同时，可通过工商管理的应用实践产出创新模式、创新成果等作为相关机构经费投资的反馈，促进工商管理专业实践教学经费流动的正循环。

最后，应为实践教学提供考核保障。考核除了可以检验实践教学成果，同时由于工商管理实践教学具有先行性和尝试性，有效的考核手段也是实践教学寻求反馈的有效途径。因此，需要设置灵活的考核体系。一方面，可把工商管理实践教学中可量化的具体产出作为考核指标。另一方面，还可把实践教学过程中学生管理视野提升、创新工商管理意识等能力获取纳入考核衡量体系。

综上所述，应用型高校工商管理专业在产业集群背景下有较大的发展空间，可通过构建内容体系、形式体系和保障体系三位一体的实践教学体系促进其人才培养效用的发挥。

第四节　校企合作与高校实践教学体系

一、实践教学中校企合作模式的意义

随着社会的高速发展，社会要求高校毕业生不仅应该具备良好的理论知识素养，还应该具有很强的实践能力。因此，学校在培养人才时不仅要求学生理解理论知识，还应该培养学生的实践能力，提高学生的综合素质。尤其在当前大学生就业不景气、竞争压力较大的背景下，高校教育能否提高学生的实践能力和创新能力对于学生的就业至关重要。实践教学是帮助学生理解理论知识，提高实践能力的重要教学方法。学生在高校中学习理论知识所占比例较大，而对理论知识的理解和深化需要通过实践教学来实现，提高大学生的综合能力也需要通过实践教学来实现，高校的实践教学在提高学生综合素质中的重要意义更是不言而喻。因此，高校能否有效地开展实践教学对于学生是否符合社会需求起着决定性的作用。

二、传统课堂教学现状

（一）单调的"标准化"导致故步自封

传统的课堂教学主要是以教师的"教"为主，教师往往是照本宣科。该过程中学生只是接受知识的容器，且教师和学生的活动受教学大纲的束缚，使教师不敢越出教案半步。教师希望学生严格按照设计的教学方案进行课堂学习，如果学生的思路与教学方案出现分歧，教师就会想尽一切办法把学生的思路调整回来。整个教学过程就好比钟表上紧了发条一样，什么时间提问，什么时间讲授，为学生预留多少时间进行回答等都设计得丝丝入扣。这样在整个课堂教学过程中，教师是主角，学生是配角，导致课堂教学过程按部就班，无法调动学生的积极性，无法达到理想的教学效果。

（二）"重灌输轻探究"导致浅尝辄止

大多数情况下，课堂教学活动是按照教师精心设计的教学流程来开展的。在问题设计方面，往往存在过窄、过细的现象。如果学生所回答的问题正是教师希望得到的答案时，教师就会给予相应的肯定或赞扬，并继续下一个问题的讨论。即使教师所设计的问题存在一定的思维空间，但是教师很少给学生留出足够的时间进行讨论，不利于学生思维创造性与独立性的培养与发展。课堂教学的每一个环节都是由教师牵着学生走，导致学生无法用自己的头脑去思考，缺少切身的体会和感受。

（三）"重结果轻过程"导致舍本逐末

传统课堂教学过程中，"重结果轻过程"是比较常见的一个问题。这里的重结果通常是指在教学过程中教师只重视知识的结论，忽视对知识来龙去脉的有效讲解，甚至压缩学生对新知识的思考过程。在预设教学过程时，一些教师只是考虑如何把书本上的知识讲明白、讲清楚、讲透彻，但是未考虑学生的基本情况，导致一部分学生厌倦了参与课堂教学。传统的课堂教学忽视学生对教学内容的体验过程，只关注对结论的记忆，并以最高的效率向学生传递前人的知识经验，而且教师经常把知识嚼烂后直接喂给学生，这样不仅剥夺了学生思考的权力，而且还影响了学生创新能力的提升。

三、国内外校企合作现状

自 20 世纪 50 年代以来，各国对校企合作的人才培养模式越来越重视，在不断的探索中产生了各具特点的合作模式。其中最受认可的有以下几个国家的校企合作模式：

①德国的双元培训。德国的双元培训是以企业为主导，企业在与学校签订了合同后，企业对学生进行培训工作，而学校负责帮助企业进行实训。

②英国的工学交替，英国的工学交替是学生在学校和企业之间进行交替实习。

③澳大利亚的 TAFE（技术与继续教育）。其校企合作模式较为灵活，是政府、企业和学校在合作中共同发挥作用进行学生的培养工作。

④日本的产学结合。这种校企合作模式主要是指学校在教学和科研的同时要开设自身的产业或者企业，以供学生进行实训。

⑤美国的合作教育计划。这种合作模式突出了学校计划组织的特点，通过学校和企业的对接从企业的岗位需求出发设立教学课程和内容，并有针对性地对学生进行实训。

总而言之，国外的各种校企合作发展起步早，至今已形成了较为成熟的合作体系，学校能够为企业提供较为专业的技术人才。

我国主要的校企合作模式有以下六种：订单式、"3+1"式、产学研一体化、工学结合、股份合作制和集团式。订单式的校企合作模式是学校和企业签订用人协议，由学校负责根据企业的要求对学生进行专门化、职业化的教育，在学生毕业后由企业接受人才，安排毕业生就业。这种校企合作模式多见于职业教育。"3+1"式校企合作模式是高等教育中较为普遍采取的一种模式，是学生先在学校接受三年系统的教育学习，最后一年进入企业进行实习，以此来渡过从学校到企业的过渡阶段。产学研一体化的校企合作模式是一种较为先进的合作模式，是产业、教学与科研相结合的一种合作模式。学校通过教育、科研提高教学质量，以此提高人才质量促进企业的发展。这种合作模式是企业和学校互利互惠的一种合作模式，能够使企业和学校达到双赢的目的。工学结合是学生一边学习一边工作，将学习与工作相结合的合作模式。

四、校企合作模式创新策略

（一）设立专门的校企合作组织管理机构

在校企合作实践教学模式中，设立专门的校企合作组织管理机构对校企合作的稳定运行有着重要意义。学校应该建立完善的校企合作组织管理机构，如设立校企合作工作委员会，在其下设立校企合作督导室、校企合作工作室。由行业内的专家和教育专家组成校企合作组织机构，并由学校和企业的专人负责组织协调校企合作中的工作细节。在校企合作中，组织管理机构应该对合作中的每一项工作负责。督导室负责制定校企合作的相关规章制度、制约各方行为，建立规范化的校企合作模式。除此之外，还应该对校企合作组织管理机构建立激励机制，调动机构的工作积极性，促进校企合作的共同发展。工作室应该对校企合作人才培养方案负责，根据企业需求制定教学大纲，调整专业设置和改革专业课程，使学校培养计划与企业需求接轨。另外，工作室还应该协调人力安排，组织教务处安排企业技术或管理人员来校进行授课，定期安排学生开展职业培训和教师培训。

（二）完善校企合作规章制度

良好的校企合作应该建立在完善的校企合作规章制度上。因此，学校和企业应该遵循国家、省以及各级领导部门制定的规章制度，建立更加具体的合作规章制度。完善的规章制度能够规范双方合作和合作管理，促进校企合作可持续的发展。规章制度应该明确合作双方、组织管理部门以及各岗位的职责和权利范围，明确双方责任，做到权责分明，避免在合作中出现问题无人负责的情况发生。具体的规章制度应该包括校企合作人才培养方案修订原则、校企合作实践教学管理制度、实验室管理规章制度、实训基地管理规章制度和学生实习管理规章制度等，以此规范校企合作中的每一个细节，全面推进校企合作有序有效地进行。

（三）建立校企合作激励机制

建立校企合作激励机制，出台一些奖励政策能够激励各方参与校企合作的热情和积极性。学校要提高教学质量，将教学与社会需求接轨，就需要对企业需求有深入的了解，就需要提高实践教学质量。学校应该建立实验室、实训中心和实习基地，提高实践教学质量，完善实践教学环节。有时，由于学校自身的资源和条件有限，学校寻求与企业的合作显得十分必要。在校企合作中，学校和企业应该充分掌握自身的发展需要和对方需求，寻找合作中的共赢点，以此提高合作的有效性。校企合作中，企业的品牌影响、技术开发和人才需求以及学校的培养质量、培养条件都是双方能够实现合作的因素，也是在市场互动下的双方激励因素。在校企合作中，制定一定的奖励政策，对于促进双方合作也是一项重要措施。比如，对于积极参加校企合作的管理者、员工或教师给予一定的优惠政策或物质奖励，还可以采取奖金奖励以及职称评定上给予优先等方法。

（四）深化校企合作与加强实践教学管理

深化校企合作与加强实践教学管理应从两方面入手：首先，加强校企合作的深度和广度；其次，加强校企合作实践教学的日常管理工作。加强校企合作的深度和广度是指在实践教学中将企业需求落实到教学中的每一个环节，避免学校教育出现盲目性与滞后性。通过深入的沟通和了解，学校应该对企业的需求与实际工作环境有很深的了解，并将此贯穿到教学过程中。只有这样才能为企业培养出具有高契合度的人才。另外，加强校企合作实践教学的日常管理，相关部门将校企合作落实到实践教学中的每一个环节，使校企合作更加有序、有力、有效。

（五）校企合作共建实验室实训基地

实验室和实训基地的建立是校企合作中的重要部分。为学生提供先进的设备进行实训，有利于学生理论知识和实践能力的对接。企业还可以利用实训基地进行生产工作，在为学生提供实践场地的同时提高生产效益，降低成本浪费。

第五节　国外一流工科高校实践教学体系

顾明远在《教育大词典》中将实践教学定义为："相对于理论教学的各种教学活动的总称，包括实验、实习、设计、工程测绘和社会调查等。旨在使学生获得感性知识、掌握技能、技巧，养成理论联系实际的作风和独立工作的能力。通常在实验室、实习场所等一定的职业活动情境下进行，作业是按专业或工种的需要设计。教师根据不同作业、不同个体进行分类指导。学生采取学和做相结合的方式。"与理论教学相比，实践教学的活动空间更为复杂，涉及课内、课外以及校外多个场景，教学目的更为广泛，包括知识拓展、技能提高与素质提升等。实践教学体系具有系统性、开放性和立体化等特征。国外一流工科高校非常重视实践教学，将其作为实现学生"手脑并重"的重要手段，贯穿于人才培养的整个过程，通过不断完善各个实践环节，形成了一套比较完整的实践教学体系。本节拟选取美国麻省理工学院（Massachusetts Institute of Technology，MIT）、新加坡南洋理工大学（Nanyang Technological University，NTU）和德国慕尼黑工业大学（Technical University of Munich，TUM）三所一流工科高校作为案例，探索它们在实践教学体系方面的特色经验，以期为我国高等工程教育教学改革提供借鉴和参考。

一、国外一流工科高校实践教学体系的特征分析

（一）目标明确，层次分明，既面向社会实际，突出能力本位，又注重"软"技能培养

实践教学目标是指实践教学活动预期达到的效果，反映了实践教学在人才培养规格与质量上的标准与要求，具有导向作用。MIT 致力于培养适应社会发展的综合性、实用性及具有探索精神和创新能力的人才，其实践教学目标是一个完整的系统，具有较强的层次性。在全校本科生教育的总体目标下（General Institute Requirements, GIRs），各系各专业还应该有自己较为具体的目标。在人才培养规格方面强调对学生创造性思维、人际交往与沟通、管理技能、经济头脑、再学习能力以及跨学科综合设计能力等综合素质的培养，着重开发学生面对现代社会各种挑战的知识和能力。南洋理工大学是一所科研密集型大学，在创新精神和企业精神（Innovation and Enterprise, I & E）的教育理念框架下，坚持走创业型大学的道路。在实践教学中，密切与产业界的联系，通过校内外各种实践教学环节的实施，培养学生的创业精神、跨领域创意与创新综合能力与领导能力、终身学习能力，培养具有国际化视野的学生。慕尼黑工业大学与企业联手开展实践教学，致力于培养基础扎实、技能良好的新型高级工程技术人才——成品工程师。这种专门人才必须具备较强的专业能力、方法能力和社会能力，体现了目标的职业和实践导向。

尽管 MIT、南洋理工大学和慕尼黑工业大学三所高校都以工科著称，但其倡导的教育理念与模式有所不同，故每所学校实践教学的目标各有侧重。无论是 MIT 的通才教育模式、慕尼黑工业大学的专才教育模式，还是南洋理工大学的精英教育模式，都重注以学生为本。一方面，通过课内实践习得间接知识，提高分析和解决实际问题的能力。另一方面，通过课外实践获得直接经验，培养实践能力和创新能力。既突出实践导向的能力本位，又重视"软"技能的培养。使学生在专业知识和应具备的综合素质方面具有高度的一致性。同时强调学生与社会联系、融合的自觉性和主动性，从而培养集实践能力、创新能力于一体的合格的科技人才或工程领袖，使学生能真正适应社会发展，是真正意义上的以育人为目标。

（二）教学内容多元化、综合化、模块化，强调实践指向

MIT、NTU 和 TUM 将实践教育的思想渗透到教学工作的各个层面，在实践教学形式上有着多种多样的选择，从多样化的课程实践到实验教学，从专业设计、专业实习到独具特色的研究训练项目（计划），再到跨专业、跨学科的创新计划及科技实践活动，从简单到复杂、从校内到校外，综合了基础实践、专业实践和创新实践三大模块的内容，内容丰富翔实，呈现出"多元化、综合化、模块化"的特点。尽管每所学

校在每个实践模块包含的实践内容都不尽相同，形式各有特色。但总体而言，其实践教学内容都是以学科专业为平台，以专业实践为主体，以基础实践和创新实践为两翼的逻辑框架。在此框架下，学生在基于问题的教学（Problem-based Teaching）与基于项目的教学（Project-based Teaching）过程中进行探究式学习（Inquiry-based Learning）和体验式学习（Experiential Learning），全方位、系统化地锻炼自身的实践能力。

1. 基础实践

基础实践主要包括课程实践和实验教学，其中课程实践主要是指围绕专业人才培养目标及具有明确知识体系的课程而采取的具有实践特征的教学方式。如讲座课、研讨课、指导课和练习课等，旨在增进理论知识理解，提升基本实践能力。MIT 开设有大量的各种形式的课堂讨论课，如本科生讨论课（Undergraduate Seminars）和新生建议讨论课（Freshman Advising Seminars）。前者主要促使本科生与教师就他们当前所关心的问题开展"互动式"的讨论，后者是在第一个学期专门为刚入学的新生开设的特殊课程。讨论课分不同的等级，有相应的学分。在南洋理工大学，讲座课主要是对理论知识进行概述和梳理，选择同一门课的学生一起上课，时间为每周 2~4 个小时不等。研讨课要求学生自己准备陈述报告，参与讨论和分析，上课人数为 30 人左右。指导课一般在专门导师的指导下，学生开展一些课题实践，上课人数为 20 人左右。慕尼黑工业大学侧重于不同教学方法的综合应用，一门课往往结合讲座、练习、研讨、实践和实验等多种教学形式。

实验教学主要是依托专业实验室采取的具有设计性或综合性实验的教学形式，旨在培养学生的基本实验技能、方法和手段。"通过实验进行教学"是 MIT 首任院长罗杰斯的教育信条。他强调学生积极主动地学习，让学生自主寻找新的信息，把个人的经验转化成知识与能力。MIT 设有实验室课程（LAB）和"实验研究小组"（the Experimental Study Group，简称 ESG）等。实验室课程包括校级公共课中的实验课和系级专业课中的实验课，涉及学科门类多、范围广，一般是在老师的指导下，学生自己选择实验设备、测量方法，设计实验步骤，然后实施实验，决定如何获取有效的实验数据，最后对预期的实验假设和实际测量结果进行比较分析并得出结论。"实验研究小组"是为本科新生提供的一个创新"交互式"学术项目，主要由教师、指导员（instructor）和对小型社区的教学感兴趣的本科生参加，以小班级的形式开展研讨课、指导课等。

2. 专业实践

专业实践包括专业实习和专业设计等环节，主要任务是培养学生运用专业知识与技能解决综合性问题的能力及系统表达设计成果的能力。MIT 针对不同年级的学生将实习计划分为校级实习计划、系级实习计划和社会实践计划。如新生 / 校友暑期实习计划（F/ASIP）、工程实习计划（EIP）、本科生夏季工作计划（USJP）和本科生实践机会计划（UPOP）等。在这些实习和实践计划中，既有专门针对大一新生的新生暑期实习计划，又有针对高年级学生的本科生实践机会计划和工程实习计划。既有为期3个月至1年的中长期实习计划，又有利用暑期进行的短期实习计划。既有大量的校内实习和校外实习计划，也有延伸到国外的海外实习计划。灵活多样的实习计划为学生的实习实训和社会实践提供了广阔的平台，提高了其实践创新能力。

南洋理工大学采取"工业实习"的方式开展实习，要求所有学生在校学习期间必须在当地公私立企业机构（Local Attachment & Internship）或海外实习（Overseas Attachment & Internship），这一规定作为是否能够毕业的要求之一。所有学生在本科第六学期必须到校外进行半年专业实习，特别是攻读技术文凭的工科学生在校期间，有40%的时间被安排到各种单位参加实习。学生在专业技术人员和教师的指导下，参加工厂企业的实际生产或实践性技术工作。那些与工作单位签订了就业合同或有明确就业意向的学生，每年必须用一个长假期（约2个月）去签约单位实习。此外，还推出了"全球教育/浸濡计划"（Global Immersion Programme）"海外实习计划"（Overseas Attachment Programme）等，旨在为学生打造海外实习实训平台。参与该项目的学生有机会在海外顶尖企业机构和工业园区参加实习并进行研究。

慕尼黑工业大学要求学生在基础课阶段结束前，必须在工厂或工地进行"顶岗实习"（work placement）。实习环节及内容由学校和企业共同设计，具有前瞻性和探索性，要求非常严格，实习结束由实习的工厂或企业对学生进行考核。此外，该校还通过加强国际交流，建立全球性的校际联盟网络，为学生制定系统的国际交流计划或实习项目。如"伊拉斯谟计划"（Erasmus-Program）是针对欧洲范围内的学习与实习计划，"慕尼黑工业大学交换生"计划（TUM Exchange）是针对欧洲范围外的学习与实习计划等等。目前，慕尼黑工业大学已与超过170所世界一流大学建立合作机制，每年有750名优秀的本科生可以通过这些交流计划获得国外学习、交流或实习的机会，从而使学生获得更多的国际学习经历，培养学生的全球化视野。

另外，国外一流工科高校大学非常注重学生课程设计能力的培养，通过基于项目的学习、做中学（hands-on）和团队训练等方式，培养学生自主分析、解决实际问题的能力和团队精神的养成，特别是强调训练学生的跨学科综合设计能力。与我国相比，国外大学毕业设计（项目）环节所占比重较小。在美国，绝大多数大学不要求本科生完成毕业论文（Undergraduate Thesis），但很多MIT的学生在本科毕业时都能提交出一份高水平的毕业论文。毕业设计不是必修的项目，有的专业设置有本科生论文课程，有的专业则没有。选择论文或研究项目的学生，可根据专业培养计划和自身情况，灵活安排毕业论文时间。南洋理工大学与慕尼黑工业大学毕业项目类似于我国高校四年级学生的毕业论文，是学位课程的一部分。要求学生以书面形式报告其研究成果及对本专业的重要原理和职业实践准备情况的掌握程度，并在研究结束后进行口头答辩。

3. 创新实践

国外工科大学都非常重视学生创新精神和创新能力的培养。MIT、南洋理工大学通过实行全方位、立体化的研究训练计划（项目），为学生提供参与科学研究或者发展新思路的实践平台。很多学生在校期间就有机会参与企业的实际项目实践，学校被称为"实践学习"的地方，学校鼓励学生成为敢于实践、勇于创新的"探索者"。"本科生研究机会计划"（UROP）和"独立活动期"项目（IAP）是 MIT 学生参与研究训练的基本形式。在参与 UROP 项目期间，学生可以参与科研活动的每个环节，包括提出研究计划（developing a research plan）、撰写建议（proposal writing）、开展研究（conducting research）、分析数据（analyzing data）、口头提交或书面展示研究成果（displaying research results in oral of written form）等。UROP 的项目可以在学期或暑期的任何时间开始，每项研究计划可至少持续一个学年或更长时间，同时也可针对不同专业在各系或跨学科的实验室中进行。南洋理工大学于 2004 年推出"本科生在校研究计划"（URECA），目的是为热衷科研的优秀学生提供参与项目研究的机会，以训练学生的科研创新能力。实施该计划时，具有较强学术能力的二、三年级本科生将受邀参与，并可从该校超过 800 个研究项目中选择，包括工程、生物科学、传播、工商管理、会计及人文学的研究项目，充分体验校园浓郁的学术研究氛围。此外，还向对科学和工程感兴趣的优秀学生推出"杨振宁精英计划"，旨在培养 21 世纪引领全球发展的科技精英人才。这些计划为南洋理工大学培养全方位科技创新人才提供了良好环境。慕尼黑工业大学注重教学与科研训练相结合，强调"教学科研化"和"科研教学化"的统一，要求科研人员将最新科研成果直接融入教学过程。学校注重引导优秀学生包括本科生在开始学位课程之后，尽早参与到科研训练实践中去。此外，国外大学还开设形式多样的课外科技活动，如 MIT 的"国际科学与技术计划"（MISTI）就是一个连接MIT 学生参与世界各地研究和创新项目计划的平台。这个计划的亮点是学院会全额支付费用，送学生到海外获取见习和研究经验。

（三）实践教学的组织与管理严密有序，保障有力

1. 实践教学管理到位，严密有序

通过设立专门的实践教学管理组织机构对实践教学的运行进行严密有序的监控和管理。如 MIT 为保证 UROP 项目的顺利开展，设立专门的本科生科研办公室。办公室除了有专门的工作人员负责本科生科研项目的申请、审核及最后的评估等，还为本科生提供研究方法、选题及报酬等方面的咨询服务，及时给本科生提供科研所需的资金、仪器等。每一个院系和跨学科实验室都设有专门的协调员（UROP Coordinator）负责科研项目的资金申请，并提供科研计划。南洋理工大学成立有"本科教育检讨委员会""国际学术顾问委员会"等各种常设或短期委员会，及时对实践教学中存在

的问题进行检查，并为学校的教育教学改革提供政策咨询和决策依据，成为学校内部教学管理中的重要力量，这种委员会形式不仅精简了机构和人员，还体现了专家治学和管理的特点。另外，设立有职业与实习办公室（the Career & Attachment Office）负责学生第三学年的职前实习（实训）、技能培训工作，每个学院还设立了产业界联络处（Industrial Liaison Unit），负责学生第三学年到产业界实习的项目安排。同时，为了加强对"本科生在校研究计划"的管理，还专门成立"本科生在校研究计划办公室"（URECA Programme Office），由一名 Director、一名 Manager 和两名 Executive Officer 组成管理团队。同时每个院系设有一名 URECA 协调人员，共 16 位协调人员，为学生参与科研实践提供优秀指导和一流服务。此外，国外一流工科高校还通过完善实践教学管理制度，保障实践教学良性运行，同时坚持实践教学管理主体的多元化，实行校企联合管理，如大学、企业和行业协会等成立的校企合作委员会，参与实习项目、经费开支管理等。

2. 重视实践教学基地建设，为实践教学创造保障性条件

MIT、NTU 和 TUM 能充分整合校内外各种有利资源，给学生创造广泛的实验、实习和实训的条件和平台。除了建设校内的跨学科研究中心和实验室等实训基地外，还加强与产业界、工业界的合作，建立大量的校外实习实训基地。特别是积极实施社会第三方的协调服务和政策帮助，开展实践教学基地建设，设立各类基金，筹措实习经费等。如德国与新加坡通过政府立法，规定企业有义务接受学生到企业开展实践教学活动，为实践教学的顺利开展提供了强有力的政策法规保障。此外，还注重实践教学的师资队伍建设，积极从企业、工厂或者海外招聘既有专业技术专长又有工程实践经验的兼职教师指导实践教学工作，吸收海外优秀人才到校任教，提升实践教学师资队伍建设的国际化水平，为实践教学的顺利开展提供强有力的师资保障。

二、启示

与国外一流工科高校的实践教学体系相比，我国高校缺乏对各个实践教学环节的有效整合，未将课内实践与课外实践进行合理规划，实践教学体系不完善依然是影响教育教学质量的"短板"，部分高校将指导课程设计或实习作为课题教学之外的"辅助性工作"，特别是实践性教学内容偏少、实践教学形式单一、实践教学基地不足、实习成本高、实习时间缺乏弹性以及实习经费难以保障等问题比较普遍和突出，严重制约了高校人才培养目标的实现。因此，我国大学需要借鉴国外一流工科院校在实践教学体系中的经验，重新审视实践教学体系在高等工科教育体系中的结构功能，推动我国高等工科教育高质量发展。

（一）注重顶层设计，优化实践教学目标

尹宁伟通过对我国《"985工程"大学2010年度本科教学质量报告》的文本分析认为："要想构建实践教学体系，必须注重顶层设计，从人才培养方案上着手改革，才能具有实效性。"实践教学体系要着眼于学生全面发展的需要，做到"学""术"并重，甚至"术"重于"学"，既要考虑到设计方案的可操作性与实施效果，又要考虑到学生共性与个性的发展诉求。目标的定位不能一蹴而就，要由浅入深，进行层次化培养，如一般的课内认识实践或实验教学着重于认知和专业素质的培养，研究训练计划和校外实习等课外操作实践着眼于解决实际问题的综合能力与创新意识的培养。

（二）把握重点环节，丰富实践教学内容

目前，在我国大部分高校的实践教学环节中，对理论内容进行验证的环节所占比例较大，而有利于培养实践能力的综合性、设计性、创新性的生产实习、科研训练等实践性环节所占比例仍然偏少。以实习为例，国外大学有课程实习、工业（生产）实习、毕业实习和海外实习等，形式丰富多样。在我国，由于缺乏有效的合作交流机制与信息共享平台，导致实习单位难找、实习时间缺乏弹性以及实习经费难以保障等，使得实习环节沦为走马观花的形式，难以深入开展。因此，我国高校应借鉴国外经验，不断完善并做实实践教学环节，从多样化的课程教学、实验教学到课程设计和毕业设计，从各类校内研究训练项目到校外各种实习计划和社会实践活动，从丰富多彩的科技创新活动到第二课堂等，要从整体上对各类实践教学环节进行系统的整合、规划和设计，使之成为一个衔接紧密、层层推进的"系统化、立体化、层次化"的体系，为实践教学的顺利开展打造了坚实的平台。

（三）完善制度建设，强化实践教学管理

国外一流大学实践教学成功的前提在于它有一套规范的、强有力的制度保障，特别是政府层面的政策法规支持体系，对推动合作办学起到了非常重要的作用。与国外相比，我国的政策法规支持系统还有较大的差距，当前的政策过于宏观，缺乏可操作性。实践教学的正常开展涉及人员、场地、资源和时间等一系列要素，同时还涉及诸如实验、实习、参观、设计、参与科研以及社会调查等实践环节的实施，是一个相互关联、相互影响的动态化过程，需要对每个要素和环节采取切实可行的措施，进行监控、协调和管理。因此，可以效仿国外高校，设立专门的实践教学管理机构，加强对实践教学过程中的人、财、物的科学化和规范化管理。同时，完善相关的政策法规体系，为高校开展实践教学建立规范性的制度保障，如对学生实习时的劳动保护与报酬、高校与企业的权益与职责等问题都以法律法规的形式予以明确，建立有制度保障的长效机制，从而调动企业、科研机构和实习单位等参与实践教学运行与管理的积极性，实现实践教学管理主体的多元化、管理过程的规范化和管理方法的科学化。

（四）协同合作，创设良好的实践教学环境

从国外经验来看，实践教学的实施需要良好的环境作为保障，包括相应的物质条件、时空条件以及一支结构合理的实践性教师队伍等。我国高校应在加大投入建立校内实践教学基地的同时，通过开展多元化、深层次的校企之间、校校之间以及高校与科研单位之间的合作，创建积极有效的合作交流机制和资源共享平台，逐步形成教学、科研、生产一体化的多功能、综合性实践教育基地，如实习（实训）工厂、产学研合作教育基地等。要加大实践教学方面的财力投入，努力拓宽融资渠道，在学校自筹不足的情况下，积极争取企业及社会第三方（如社团、基金）的经费支持，用于改善实践教学环境。要加大力度优化实践教学师资队伍建设，如聘请校外有丰富经验的技术骨干作为兼职实践指导教师等，为开展实践教学提供有力的师资保障。

总之，实践能力和创新能力的培养离不开实践教学，重视实践教学已经成为国外大学的一种国际化理念。对于我国的工科院校而言，深化实践教学改革，构建符合我国实际的有特色的实践教学体系既是经济社会对高等工科教育提出的要求，也是高校教育改革亟待解决的重大课题。只有不断吸取国外大学的成功经验，将实践教学与理论教学有效融合，才能不断提高学生的实践能力和实践理性，培养能够满足社会经济发展需要的高层次创新型人才，实现"科教兴国、人才强国"的"中国梦"。

第四章 地方高校实践教学体系建设模式

第一节 CIPP 模式下高校实践教学指标体系

党的十八大报告明确指出，办好人民满意的教育要"着力提高教育质量，培养学生的创新精神"。因此，实践教学作为高校人才培养的重要环节越来越被学校重视。同时，实践教学体系建设作为普通高等学校本科教学工作审核评估的审核要点及工程教育认证的主要指标体系，也成为各大普通本科高校必须重视的问题，如何准确对实践教学质量进行评价也就成为各高校关注的热点问题。相关文献表明，目前实践教学评价是各本科高校的软肋，存在诸多问题：实践教学评价观念不强，评价内容不全，不能准确评价学生的实践效果，评价主体单一，考核方式单一，评价方式单一等。另一个突出问题体现在实践教学评价的反馈机制上，大部分缺少评价结果的反馈，整个评价体系缺乏有效、全面、主动和动态的监督层面。另外，现有的实践教学评价体系多集中在高职大专院校，普通本科高校的实践教学评价较少。因此，为科学地评价普通本科高校的实践教学活动，提高实践教学质量，构建一个科学、完整和全面的实践教学评价指标体系是十分必要的。

一、现有的实践教学评价指标体系存在的问题

我国的实践教学体系目前还处于探索阶段，大部分本科院校的实践教学评价标准只是课堂教学质量评价的照搬或移植，考查的多是学生理论学习的效果，缺少实训、实习效果方面的评价，因此很难体现实践培训的特点，主要问题如下：

评价的指标不全面。实践教学包含很多内容，如实训、实验、课程设计、各种实习和社会实践等，不同内容的实践教学的评价指标也应该不同，而目前实践教学评价指标比较单一。另外，随着社会的发展，出现许多新的实践教学形式，如实习团队、任务外包和项目小组，目前的实践教学评价指标都无法对这些新的实践教学形式进行有效评价。

评价主体单一。目前各高校的实践教学评价体系中，多以校内评价为主，评价主体多是实践教学的指导教师，部分是实习、实训单位的指导教师。这样一方面学生的"学"的效果难以客观评价，另一方面学生作为被评价的对象，处于被动的状态，没有反馈与复议的机会，导致学生的参与积极也不高，最终导致实践教学的可信度与权威性下降。评价主体应涵盖学生、教师和同行三方，同时根据需求引入校外的企业、用人单位的评价，从多个方面、多个角度监测实践教学质量。

评价过程监控力度不到位。实践教学旨在培养学生专业技术技能，包括实践能力、职业素质、创新创业能力以及团体协作等能力的培养，而目前这些能力仅仅通过实习报告、实验成绩或简单操作考核来进行评价，缺乏对过程的评价，实现对能力培养达成度的评价。

评价结果作用发挥力度不够。"以评促建、以评促管"是各类评价的终极目标。实践教学评价模式应最终为后期的实践教学改进提供指导，为学校的管理和决策提供依据。不同于课堂教学，实践教学需要学校投入一定的物力、人力和财力，如实验室、实验车间、（校内和校外）实习基地、实验（实习）设备与耗材与企业的协同合作等。因此对于高校来说，实践教学的投入与产出就成为其密切关注的指标。不同种类实践类型的产出如何，是改进教学方法还是继续增加投入解决等，都成为学校需进一步考虑解决的问题。

由上述分析可见，随着现代社会的发展，普通本科院校现有的实践教学评价体系已经显现出各种各样的问题。CIPP 评价模式是由斯塔弗尔毕姆（D.L.Stufflebeam）提出的一种先进的评价模式，它以决策为中心，认为"评价最重要的目的不在证明，而是改进"。该模式可借助一个相同的流程，实现不同的实践类型、教学投入与教学形式的条件下的实践教学评价，帮助学校进行科学的管理和决策。有关研究文献表明，部分研究人员将 CIPP 评价模式应用于部分课程评价体系研究，且在高职院校用得较多。如华南师范大学的朱丹将该模式在综合实践活动课程评价中进行了应用，邓风将该模式在给排水专业的实践教学评价中进行了应用探讨。目前将该模式用于普通本科工科类高校实践教学评价指标体系的构建的研究文献还缺少。

二、CIPP 模式实践教学评价指标的构建原则

实践教学是高等教育教学环节的重要组成部分，与理论教学相辅相成。是加强巩固理论知识掌握的有效途径，是国家培养具有创新意识的高素质应用型人才的重要环节，也是培养学生的动手能力、工程能力和掌握科学方法的重要平台。为实现高校实践教学质量的全面提高，组成实践教学体系的所有实践教学要素需合理搭配，统筹兼顾。另外，相对于理论教学体系，实践教学体系须独立存在，但又与理论教学系统相辅相成。

　　实践教学评价指标体系的构建首先必须遵循普通高等教育教学规律，从各个专业人才的培养目标和实践课程体系着手，实现对实践教学目的、内容、教学条件和教学过程的全方位多角度的监控。其次应该明确学生是教育的主体，一切必须以切实有效的教学目标、教学环节、教学方法及教学效果为出发点，最终应以提高学生的综合能力和各方面的素质为落脚点。

三、基于 CIPP 模式的实践教学评价指标群的构建

　　实践教学包含的指标因素较多，涉及多个方面。基于对国内若干工科类高校实践教学指标体系的调查与研究，在充分咨询实践教学专家和广泛征求学生意见的基础上，基于 CIPP 评价模式的背景评价、输入评价、过程评价和成果评价，对应于实践教学的四个流程"实践背景、资源投入、实践过程和培养成果"，设置 CIPP 模式实践教学评价指标体系的 4 个一级指标。针对不同实践种类、实践主体建立 10 个二级指标以及 31 个三级指标。选取指标时要尽量选取可量化、有代表性的明确而合理的指标，以便于不同专业实践教学的比较，并要求评价指标在时间和空间上具有一定的可比性，确保实践教学评价的公平合理。

　　实践教学背景评价（2 个二级指标、7 个三级指标）。其作用是审定实践教学目的，并制定具体的实施细则，属于诊断性评价。所涵盖的问题主要包括：该专业需开设哪些实践课程，组成怎样的实践体系，各种不同实践课程之间如何衔接，各门实践课的负责教师应具备哪些专业能力和专业知识，针对一门具体的实践课程，要明确其教学目的是什么，具体实践教学内容有哪些，该实践课程开设应有哪些基础课程等。基于 CIPP 模式，建议各高校通过调查问卷的形式听取已实习过或已毕业学生的意见（第三方评价），听听他们对本专业实践类课程的意见和建议。并成立由校企人员组成的"专业指导委员会"，邀请企业的指导教师与学校相关专家一起讨论制定专业的实践培养计划并对执行开展情况进行监督，确保学校与企业零距离。

　　结合实践教学背景的目的和内容，确定二级指标为定位与思路、产学研结合。基于相关研究文献和研究调查结果，选取对应于"定位与思路"的三级指标为培养目标、专业特色、实践教学体系和实践教学实施规划等。对应于"产学研结合"的下一级指标为产学结合、校企结合和未来职业规划教育等。

　　实践教学投入（3 个二级指标、10 个三级指标）。实践教学投入评价的实质是对投入的可行性和效用性进行判定，是基于教学目标对所需条件和资源的评价。其功能主要是为了帮助学校选择使用有价值的资源、解决问题的策略，并制订合适的计划。

　　实践教学投入评价关注的问题：如何确定实践教学资源及实施方案？教学如何组织实施，才能确保资源的最优化？学校的资源是否能满足实践教学的需要，是否需考

虑外界资源？如何统筹安排各项经费预算并确保专业配套的各项硬件设施？教师应具备哪些能力、采用什么样的教学方法才能保证教学效果，如何有效利用校外人才（企业专家）？即实践教学投入主要从人力、物力和财力三个层面进行考量，故确定二级指标为"场地和设备""经费投入"与"师资队伍"。结合相关资料其对应的三级指标分别为仪器设备、实验室、实习场地、实训基地，设备经费投入和实习实践场地建设经费投入，教师能力、教师教学投入、培训投入和双师型教师比例等。

四、实践教学环节评价（3个二级指标、8个三级指标）

教学环节评价是整体评价体系中最核心的环节，是指专业培养方案中实施的形成性评价及建立的评价反馈机制，根据教学过程评价的结果用于及时调整和改进教学各环节，进而实现实践教学体系持续改进和完善。具体来说，要求评价者对实践教学实施的每个环节进行监督、观察、跟踪并记录下过程中出现的各种情况，并随时撰写进展报告，以保证准确进行反馈，便于对下一届实践教学过程进行调整和改进。

根据 CIPP 评价模式的运行机制，教学环节评价主要以学生调查问卷、访谈教师为主。通过对教师的访谈，了解教学实施过程中的具体情况：实践教学内容是否都得到了贯彻和实施，学生的出勤率和参与性如何，实验（实习）设备、场所是否能满足教学要求。通过学生座谈或问卷形式，了解教师的教学能力、教学态度等，硬件是否满足教学需求。借助院系领导定期考核，了解实践教学效果是否达到预期，影响其效果的因素有哪些，有哪些是意外因素，经费是否得到合理分配等。

由上述分析可知，只有在教师和学生的密切配合、合作下，教学环节评价才能有效完成。参考构成实践教学环节的各个要素，将其分为教学管理、教学方法和实践环境3个二级指标。其对应的三级指标为实践教学质量监控机制、评价反馈机制；实践教学形式、手段及信息化教学；企业参加实践教学体系的修订、实习实训反馈、教师对学生的指导和授课满意度调查等。

五、实践教学成果评价（2个二级指标，6个三级指标）

实践教学成果评价属于终结性评价，可分为影响评价、成效评价、可持续性评价和推广性评价等四种评价。每类评价有不同的关注点，影响评价主要关注实践类课程对学生产生什么影响，学生的收获是什么。成效评价是对实践教学效果的重要性和品质的评价，主要通过用人单位了解毕业生的情况，评价毕业生的专业技能和品德素质，以单位的最终评价结果为依据形成关于实践类课程教学好坏的最客观的评价报告。可持续性评价主要关注实践类课程的具体实施计划能否成功制度化、长期实施下去，通过对实践类课程的教师、学生及用人单位的访谈，了解课程开设有哪些不足，成功经验是什么，有哪些经验和教训可以借鉴，最终目的是保证该类课程可以长期有效实施。推广性评价主要关注经过验证较成功的实践课程评价体系是否可被成功地推广应用到其他高校。如可推广应用，不仅可节省其他兄弟院校在这方面摸索的时间，还可以将已有的体系推广到其他高校去验证、完善，从而使其更具有普遍性和适用性。

综上，二级指标归纳为学生的"综合能力"与"各方评价"两个指标，分别对应于设计能力、创新能力和团体协作能力（主要体现为资格证书、实践作品等），学生评价、指导教师评价、专家评价以及用人单位评价等三级指标。

基于CIPP模式构建的实践教学评价指标群，针对不同的实践种类（校外实习、实训、课程设计等）、不同层面的评价（学校层面、院系层面、教师层面、学生层面）和不同的评价对象，从中初步选择相应的评价指标，就可构建适用于不同类实践课程的个性化实践教学评价指标体系，进而实现对应的评价。

本节研究主要基于CIPP评价模式，根据普通工科类高校的实践教学内容及其各自特点，建立涵盖不同实践类型、不同评价主体以及不同评价对象的实践评价指标群，旨在构建一种适用于普通工科类高校的科学合理的实践教学评价体系。在石家庄铁道大学的具体实践表明该评价指标体系可明确实践教学目标，加强过程监管，及时掌握学生的学习收获，发现实践教学中存在的不足和问题。同时能较完整地把握和评估整个实践教学效果，并对整个实践教学活动的开展情况进行判断，为下一届学生的实习和教师的实践教学改进提供指导。

第二节　CDIO 模式下高校金融学实践教学体系

CDIO工程教育模式是以能力培养为目标、以"基于项目的教育和学习"和"做中学"为理念，强调学生以主动、实践的方式学习的新型工程教育模式，以CDIO模式的先进理念为指导，构建地方高校金融学专业实践教学体系，不失为一种有益的探索。

一、CDIO 模式下地方高校金融学专业实践教学体系的构建

借鉴CDIO工程教育模式的理念，构建金融学实践教学体系，应按照培养学生个人的学术知识、团队协作与交流能力以及实践应用能力和创新能力这一培养目标的要求，以金融业务项目为背景，对课程和教学资源进行优化整合。改革后的金融学实践教学体系应是一个围绕专业进行组织，将能力培养渗透到课程体系中，通过每门课程和每个教学环节落实关于学术知识、团队协作与交流能力、实践应用能力和创新能力

的学习效果的有机体系。通过实践教学，让学生真正实现"在做中学，学后用"，将知识学习与能力培养相互统一。

（一）以就业为导向、岗位为本位，横向建立实践教学体系模块

金融学专业实践教学体系的模板设计可在大金融平台上，按照市场需求分为银行实践模板、投资实践模板和保险实践模板三块。对于每个模块的设置可将相关课程进行整合，如银行方向主要包括"货币银行学""商业银行管理""银行信贷管理"等。投资方向主要有"证券投资学""期货实务""公司金融"等。保险方向主要有"保险学""人身保险""财产保险"等。对于各模块的实践教学体系构建，应以岗位为本位，按照"认识岗位—学习岗位技能—整合岗位能力—实践检验"的顺序，以岗位业务和岗位技能为出发点，按岗位划分实践学习的项目和任务，按照"岗位—任务—流程"来确立岗位能力训练内容。依此为基础"以技能为点，岗位为线，企业为面"构建实践教学体系，要求以某一典型项目设计或工作任务中心，开展具体典型工作任务单一的技能训练，再将一个个单一技能整合为岗位任务，然后将多个岗位任务和一个个岗位的技能，按金融企业运作过程建立实战型实践教学，以模拟与实战结合的方法整合岗位核心能力，训练学生人际团队合作、决策等能力，培养学生职业岗位综合能力。

（二）区分课堂内与课堂外、校内与校外，纵向完善多层次的实践教学体系平台

纵向层面上，金融实践教学可分为课堂内实践教学、校内课堂外实践教学和校外实践教学三个层次，各层次间相互衔接、相互补充。

（1）课堂内实践教学。课堂内实践教学是实践性教学的第一层次，具有基础性和启发性的作用。其主要包括案例教学和课程实训教学。案例教学主要包括以下几个步骤：课前事先布置案例课题、学生自主分析，学生进行小组讨论，课堂指定学生发言，组织全班讨论，最后，总结归纳，内化提升，课后学生进行书面归纳，提交书面报告。课程实训教学即根据金融专业培养要求，针对实用性强的课程设计与职业实践相符的实训项目，进行系统的训练，提高学生实践应用能力。

（2）校内课堂外实践教学。校园内课堂外实践教学是实践性教学的第二层次，它是指以培养学生实践能力、创新能力和人际能力为目的的科研训练和课外文体活动。校内课堂外实践教学主要可以采取以下多种方式：一是开展各类金融实践技能竞赛。地方高校通过举办并组织学生参加理财规划大赛、证券投资模拟大赛以及"挑战杯"大赛等实践创新活动，以比赛带实践，可促进学生分析能力、实际操作能力和创新能力的培养。二是举办金融热点问题辩论赛。针对金融热点问题辩论，既可激发学生对金融热点问题的关注，提高专业责任感，又可培养其分析能力、表达能力与团队意识。三是创办金融刊物。提供平台给学生创办自己的金融类报纸和期刊，可让学生在信息

采集、采访沟通和文章写作等过程中不断提高专业水平和创新、人际能力。四是开展金融实务界专家讲座。定期邀请商业银行、证券公司、期货公司和保险公司等金融机构和金融监管部门的金融实务专家开展讲座，可让学生及时了解金融实务动态、掌握最新的金融实务知识，为培养学生的实践应用能力创造条件。

（3）校外实践教学。校外实践教学是实践教学的第三层次，包括认识实习、学年实习、社会调查和毕业实习等。校外实践教学环节以校外实习基地为主要平台，这一平台是联系社会与学校的纽带，是学生技能训练的真实环境，是培养学生职业能力的重要基地。

二、CDIO 模式下地方高校金融学专业实践教学体系的支撑条件

（一）打造优秀的"双师型"实践教学团队

金融市场瞬息万变，金融产品、政策法规不断更新，这就要求金融专业教师在指导学生实践教学时做到"统揽全局、与时俱进"。要使金融学实践教师达到目标要求，应做到"走出去"与"引进来"相结合，建立优秀的双师型实践教学团队。"走出去"是指地方高校要鼓励金融学教师走出课堂、走出学校、走出社会，多为其提供交流、培训和考察的机会，如有计划选派教师到金融机构挂职锻炼，使其深入金融实务一线，积累实践经验和实务技能。选派教师到金融实践教学开展得好的学校交流访问，提高自身实践教学水平。"引进来"则指要从银行、证券、期货和保险等金融机构聘请具有丰富实践经验的专业人士到地方高校任教，让其参与到实践教学中。

（二）建立完善的实践教学管理机制

建立完善的实践教学管理机制，可从以下四方面入手：一是制定完备的实践教学规章制度。学校要在实际调研和广泛征求意见的基础上，建立健全金融实践教学检查、督导与评估制度，明确指导老师的责任和具体工作要求。二是完善实践教学激励机制。在职称评审、薪金因素考量上加强教师实践教学的比重，鼓励和引导教师开展实践教学，提高教师参与实践教学的积极性。三是基于校园无线网络，建立金融实践教学网络一体化平台。教师通过该平台可在线辅导、课件示范、问题讨论、发布或批改作业、跟踪学生学业动态等，学生通过该平台可实训预约、信息查询、在线答疑、互动交流以及网络实验学习等，师生借助该网络辅助教学平台，可巩固实践教学成果。四是实现多渠道的实践教学质量监管。实践教学体系建立之后，对于每个实践教学环节的质量监控可由学生、校外专家和学校教务处三者共同实现。先由学生和校外专家分别通过网上评教系统、网上专家咨询系统对金融实践教学体系中的每个子项目进行打分。

此后，学校教务处选取具有丰富实践教学经验的教师建立相对稳定的实践教学体系评价小组，根据金融实践教学现状，结合学生、校外专家打分情况，定期（如每学年）对实践教学体系进行调整，以求与时俱进，从而保证实践教学的质量。

（三）构建科学有效的实践教学考核评价机制

为使 CDIO 教育模式与金融实践教学有效结合，必须从金融人才培养目标出发，不断改进考核评价方法，增强金融实践教学考核评价的科学性和有效性。CDIO 理念要求的多元化能力以及金融实践教学的多层次性，决定了金融实践教学考核评价机制应采用过程评价与结果评价相结合、理论评价与实践评价相结合、课内评价与课外评价相结合、校内评价与校外评价相结合、教师评价与学生互评相结合的多元化以及多层次考核方法，从学生个人学术知识能力、团队协作与交流能力、实践应用能力及创新能力四方面建立考核评价体。具体如下：一是个人学术知识能力：可通过试卷考试、口头测试、实习报告和职业资格证书等进行评价。二是团队协作与交流能力：通过对团队分工情况、任务进展情况以及项目完成情况进行过程评价和结果评价；通过小组讨论情况、辩论情况进行学生互评，及在撰写策划书、调查报告等环节时，依其汇报、答辩情况进行教师评价。三是实践应用能力：通过课程实训过程操作情况、工作成果展示情况、参加金融实践技能竞赛成绩以及校外实习单位的认可度等进行评价。四是创新能力：通过各类竞赛获奖情况、企业及市场认可度等进行评价。这种多元化、多层次的考核评价机制，能较全面地衡量学生的综合表现，更科学地检验实践教学成效，促进实践教学的完善，有利于金融人才的培养。

第三节　创客教育模式下高校实践教学体系

本节进一步研究总结了创客教育模式下高校实践教学体系的构建途径，希望能够为高校教学和学生创新能力的发展奠定良好基础。具体分析如下。

一、应用型创客空间

在现在的高校教育中，学生的创新创业能力已经成为高校教育目标的重要方面。在培养学生的创新能力和创业能力的过程中，高校制订了详细的人才培养计划，结合高校的实际发展状况，充分利用好高校的硬件和软件条件，把最前沿的技术和最新的创业思想和环境提供给学生。为此，高校创客空间的实施就为学生进行创业提供了一个坚实的基础，以及模拟的创业环境。创客空间的建立要利用好高校三个方面的环境：首先是高校的硬件环境，包括高校的图书馆、训练中心各种实验室等不同区域不同功能的空间，为学生打造一个实践教学的空间。其次是发挥自己的学而专业优势，比如计算机学科的实用性，就可以直接与当地的企业进行合作，形成自己的专业优势和特色。最后是学校的软件条件，建立起高校自己的网络系统，把教师、专业和学生之间的联系和沟通更加顺畅和快捷，做到资源的共享和实时分享。比如说学校的论坛、学生和教师之间的博客，高校自己的网络平台等等。利用好现实和虚拟的平台，并把两者充分地结合，才能更好地促进理论知识与实践能力的结合。尤其是对于计算机专业的学生来说，这也就是一种实践教学的过程。通过对所学专业知识的运用，在进行创客空间的建立过程中创造出新的产品和新的想法。

二、应用型创客课程体系

要想实现好的创客教育体系，首先要将创客教育课程体系融入现有的课程体系中来，然后再根据高校现有的资源和环境进行创客教育的专项学习。就目前我国的高校情况来看，围绕创客教育的课程的科学体系还没有在高校正式建立起来。在许多方面，如课程内容和课程教材的选择，课程形式和实践形式的选择，实践平台的建设以及课程评价等等，都没有确切的文件和体系。但是创客教育对于高校的某些专业建设，是一个未来发展的趋势，是一定要努力构建的。

目前的创客教育设置主要从传统的课程设置上进行改革。第一在课程目标上，把实践能力的培养与知识的获得放在同等重要的地位，培养的是实践和创新人才。第二在教学方法上，针对与创新人才的培养模式，要加入更多自由发挥、自我创造的教学方法，鼓励学生自己探索研究。第三在课程内容的选择上，要加强教材和现实生活的联系，让学生在学习的过程中就可以解决自己生活中遇到的问题。第四，在课程实施过程中，建立专门的项目研究小组，安排每一个学生都要参与到项目研究和实践中，保证每一个学生都能够运用到自己所学的知识。第五在课程评价上，针对不同学科要有不同的评价体系，终结性评价和形成性评价要结合，侧重于形成性评价，考核内容更多的是学生的实践和创新的能力，让评价的结果不仅要检测学生的学习效果，还要对学生以后的学习进行指导。总体而言，创客教育就是要把知识的学习，能力的培养结合起来，不再局限于学科之间的差异，跨学科学习的同时加强各个学科之间的沟通和融合。

三、专创融合教学改革

现在的创客教育课程体系的设置还处于与专业教育相脱节的状态，创客教育游离于专业的学习、实践、教研和实训之外，这样的教学模式体现不出创客教育的优势，让创客教育成为一种形式。为了让创客教育真正融入高校的教育中来，高校要加强教学改革，把创客教育及时有效地纳入高校的课程体系中来。对于创客教育来说，网络资源的使用是拓展新的教育模式的开端，建立一个具有自身特色的高校网络在线教学系统，利用网络平台实现教育资源的共享、交流和研讨。帮助学生更加积极发挥自己的能力和创造力其创造和研发自己的作品。在现实的课堂教学中，要坚持学生为本位的教学观念，教师是学习的引导者和组织者，摒弃原有的填鸭式教学，在教师的组织和引导下，加强师生和生生之间的交流，利用案例式教学和启发式教学，为学生打造一个真实的情境，让学生在这样的情境里发现问题，解决问题，接受和掌握知识，进而激发自己的想象力和创造力。

四、产教共创的双创人才实训平台

创客教育的优势就是学习的同时直接进行科研和创业，在对学生进行知识和技能传授的同时，高校要积极研究产业的需求，根据产业的需求变化积极更改人才的培养方向和知识的更新。在现代信息化时代，要建立创客教育的网络实训平台，让学生除了掌握专业知识之外还要掌握互联网的专业知识，培养新时代的应用型创新人才。比如在高校建立一个创意的实验室和实验平台，让学生在实践课程里学会利用互联网来展示自己的创新作品，以激发学生创作的热情和积极性。或向高校引进具有代表性的企业管理和技术人员进行授课，让学生学习理论知识的同时直接与行业需求对接，更好地指导自己的学习，也帮助学生对自己的未来职业发展做好规划，打造高校入学即准备就业和创新创业的教学模式。

第四节　EIP-CDIO 模式下地方高校实践教学体系

"大众创业、万众创新"（以下简称"双创"）是国家基于转型发展需要和国内创新潜力提出的重大战略。"双创"的深化、供给侧改革的展开，将对我国经济社会的发展产生重要的影响。实际上，无论是双创，还是供给侧改革，都离不开创新成果和创新型人才，其核心需求都指向了高等学校。因此，高校应创立新机制，创新人才培养模式，全面深化创新创业教育改革，强化实践教学环节，提高学生的实践能力、创新能力。地方高校与当地的经济社会发展联系更为紧密，在为地方培养"双创"人才方面应做出了巨大的贡献。因此，各高校尤其是地方高校，积极开展了形式多样的实践教学体系改革，以建立符合各校实际的开放式、立体化实践教学体系，提高人才培养质量，更好地服务社会经济发展的水平。为此，本节以 CDIO 工程教育理念为指导，结合山东政法学院教学实际，探讨 EIP-CDIO 培养模式下地方高校实践教学体系的建设，以期对同类高校有所帮助和借鉴。

一、EIP–CDIO 培养模式简介

CDIO 是国际高等工程教育领域中一种先进的、系统的教育理念，由麻省理工学院与瑞典皇家工学院率先创设并引起社会广泛关注。CDIO 代表构思（Conceive）、设计（Design）、实现（Implement）和运作（Operate），它以产品研发到产品运行的生命周期为载体，让学生以主动的、实践的、课程之间有机联系的方式学习工程。2005 年，汕头大学率先引入 CDIO 教育模式并加以实施，通过几年的学习和吸收，建立了适合我国教育环境的 EIP-CDIO 培养模式，EIP 是指道德（Ethics）、诚信（Integrity）和职业化（Professionalism）。EIP-CDIO 其实就是将职业素养和道德诚守、与构思—设计—实现—运作进行有机结合。EIP-CDIO 培养模式既能引导学生掌握课程理论知识、保证学生系统地获取实践教学的基础知识及专业技能，又能使学生更好地发挥自己的个性和特长，培养学生的实践能力、团队合作精神和创新意识，同时也有利于完善学生各方面能力及培养学生综合能力。EIP-CDIO 创新人才培养模式，强调在培养过程中注重职业素养的磨练，使培养出的毕业生具备良好的职业素养，具有扎实的专业技能和创新实践能力。

二、EIP–CDIO 培养模式下实践教学体系框架

山东政法学院商学院在金融专业中，借鉴先进的 EIP-CDIO 教育理念，与学校的教学实际相结合。依据实践教学体系的组成要素，在构思环节设计实践教学体系总体框架，实施、运作环节创新实践教学过程与层次，搭建实践教学平台，建立实践教学保障系统及实践效果评估机制，形成具有地方院校特色的分层立体化的实践教学体系，为培养适应地方经济发展战略和产业转型升级需求的应用型金融人才服务。

本专业实践教学体系在人才培养目标综合分析的基础上，制定符合 EIP-CDIO 理念的能力大纲，主要包括职业素养、专业技能和创新创业能力培养。将 EIP-CDIO 理念贯穿到实践活动的各个环节，建立层层递进的实践课程教学体系包括基础实践过程、专业实践过程和综合实践过程。搭建金融实验室和仿真实训、校外实训基地与校园文化活动三个实践平台。实践教学保障体系涉及实践教学管理制度建设、实践教学师资队伍建设和考核评价体系。将实践评估结果作为实践教学体系修正和完善的重要依据，构成一个完整的 EIP-CDIO 能力培养实践教学新体系，共同实现实践教学的目标和金融专业人才培养目标。

三、EIP-CDIO 培养模式下实践教学体系的具体构建

（一）实践教学目标体系的构建

随着现代金融业竞争的加剧，对金融人才的要求不再是简单的职业基本技能的加总，而是更重视全方位的综合职业能力，即扎实的专业技能、良好的职业道德和创新能力。因此，地方高校应在综合分析现代金融业对人才需求的基础上，制定符合 EIP-CDIO 培养理念的实践教学目标体系。具体应该包含以下三个层面：

第一层面：职业素养层面。职业素养是各职业领域所通用的，实践教学体系应在实践能力培养的过程中以提高职业素养为目标，培养学生良好的职业道德、商务礼仪、沟通交流和团队协作能力等，以适应现代金融服务业发展需求，并着眼于未来，为学生的可持续发展打好基础。

第二层面：专业技能层面。学生通过实践教学活动，不断获取金融新知识，开阔视野并加深对理论知识的理解，具备基本工作技能和专业技能，学会具体分析实际问题并不断尝试解决实际问题。金融业是一个经营多种金融产品、创新发展快的特殊行业，包括银行、证券、保险、基金和信托等多个细分行业，涉及结算、证券、保险、投资理财以及金融管理等多个领域。具体专业技能包括熟练操作各类办公软件、柜台业务处理能力、投资分析能力、经济信息分析能力、金融产品营销能力、理财规划能力和操盘能力等。

第三层面：创新创业层面。在实践活动中，学生对理论知识进行检验、扩展和更新，从而培养学生的自我创新及创业能力。对学生进行创新、创业能力的培养，能够提高学生的就业竞争能力及社会生存能力，提高地方高校金融专业学生的就业。

（二）实践教学课程体系建设

实践教学的核心即实践课程教学，是理论联系实际的关键环节，基于 EIP-CDIO 所构建的金融专业实践教学体系，已深入贯彻执行了 EIP-CDIO 的工程教育理念，着重关注学生综合能力的提高。课程设置上按照工程项目的整体要求，以专业目标为主线对课程进行系统设计，突出课程之间的关联性和互补性，强调实践环节和课程内容的互动性，把相互关联的系列课程按照 EIP-CDIO 标准建成群模块，以项目设计为纽带进行整体规划，构建基于 EIP-CDIO 教育理念的新型实践教学课程体系。

金融专业实践课程体系主要由三级项目构成。一级项目包括本专业的核心实践课程和设计，从基础实践设计、专业实践设计和双创实践设计，贯穿于整个本科段教学。二级项目是基于课程群模块的综合设计，包含具体实践课程和实训拓展项目，把相关课程有效地结合在一起，使学生能够掌握全面的知识内容。三级项目为具体实验课程和基于 EIP-CDIO 理念的实践项目的互补。

（三）实践教学平台建设

实践教学项目的运行离不开实验室的仿真实训平台、校外实践基地和校园文化活动这三个支撑平台。只有把三个平台有机结合，融入实训教学体系，才能更好地达到培育应用型人才的目标。

实验室和仿真实训平台建设。金融专业实验室和仿真实训平台包括商业银行综合业务、证券交易模拟、财务报告分析、证券投资分析、金融理财规划、金融产品营销以及企业经营沙盘模拟等项目，其中金融产品营销、财务报告分析和企业经营沙盘模拟通过模拟真实的工作情境来实现。其他的实训项目则使用实验室购买的软件来进行。因此，要加大资金投入，完善实验教学条件，购买与实训教学相适应的各种金融模拟软件，搭建由基础数据库、金融实验室教学软件系统和金融科研软件系统组成的金融实验平台，以满足学生进行证券投资分析、商业银行经营与管理、公司金融、国际结算、公司金融和财务报表分析等课程的实验项目。通过仿真实训对学生进行专门岗位基本技能的实际操作培训，如信贷管理、结算操作、理财产品和证券经纪等，使学生在现实环境氛围的实训中得到锻炼，提高学生的职业技能和素质。

校外实践基地建设。校外实践基地是应用型本科院校实践教学体系的重要组成部分，是实现应用型人才培养目标的重要保证。为了让学生真正接触就业市场，了解金融行业特点，认识社会和接受现实教育，实现零距离体会专业，近距离接触社会活动，高校要建立长期稳定的校外实习基地。通过建设大学生校外实践基地，有利于提高学生专业实践能力，提升学生的创新精神、社会责任感和就业能力。高校应积极与当地商业银行、保险公司和证券公司等金融机构以及会计师事务所等单位联系，共同建设校外实践基地，促进实践教育质量的提升。在入学后及时组织学生到商业银行、证券公司、期货公司和保险公司等进行实地参观考察，让学生尽早了解认识金融专业的具体岗位和实际要求。对已具备一定专业知识和技能的高年级学生，可推荐到各金融机构、公司企业和其他单位从事柜员、证券投资交易、金融产品营销、投资咨询和客户管理等岗位的实习，通过学生直接参加实际工作和真实培训，切实地提高学生的职业能力和职业素养。

校园文化活动建设。作为实践教学第二课堂的校园文化活动，不仅可以使学生开阔视野、丰富知识、增长智慧、激发学习兴趣，而且有助于学生巩固课内所学知识，培养学生的创新精神与实践能力。结合金融专业的学科特点，可以邀请专业人士结合实际经济金融问题举行讲座，帮助学生了解金融实际及学科领域发展动态。针对股市、外汇市场组织学生进行讨论交流，邀请证券公司的从业人员对学生的证券交易和投资管理方法进行指点。鼓励和指导学生参加证券模拟交易大赛、全国大学生 ERP 沙盘比赛、金融产品模拟设计大赛等实务竞赛，提高学生实际操作技能和专业素质能力。此外，以社团活动为平台，以主题活动为载体，以创新能力和实践能力提升为目标，引导和鼓励学生参与社会实践，如积极开展金融体制改革、农村金融服务、大学生金融理财、互联网金融、大学生诚信和金融知识普及等主题活动。指导学生参加大学生创新创业项目，重点开展以社会问题为导向，以学生素质和能力提高为中心，注重知识在科学研究和创业实践活动中运用的综合训练。利用校园文化活动可针对性地开展 EIP 素质训练，培养学生成为讲道德、重诚信、具有团队合作和敬业精神的应用型人才。

（四）实践保障体系建设

实践教学保障包括实践教学管理制度建设、实践教学师资队伍建设和实践考核评价体系建设。

实践教学管理制度建设。实践教学体系的正常及教学效果的保障，离不开严格的、完善的实践教学管理体系，必须建立一整套科学严密的监控和反馈体系，规范实践项目运行。各级项目都要制定具体的实施方案和细则，建立考核和奖惩机制。如实践教学方案、实训教学计划、实训项目操作规范、校内外实习基地建设与管理规定、毕业实习指导书、实践教学评价和奖惩规定等，实现对实践教学的科学、规范、有效和制度化的管理。

打造高素质实践教学师资队伍。一支结构合理、素质优良、理论基础扎实以及实践能力较强的实践教学教师队伍是实践教学体系最关键的保障条件。实践教学指导教师应有一定的金融实践经验，具备相关的专业操作技能，为加强实践教学师资的建设，可从以下几个方面着手：一是为校内专任教师提供外出学习和培训的机会，激励专任教师取得相关的资格证书，提高实践教学能力；二是可以有计划地派专任教师到各类金融机构参加业务培训及挂职锻炼，积累实际工作经验；三是教师可以参与横向课题，帮助解决金融机构实际中遇到的各种问题，提高教师的科研应用水平；四是可以聘请来自银行、保险、证券和期货等不同金融机构的资深专家或业务部门负责人、业务能手，作为兼职的实践教学指导教师，定期为师生做专题讲座，或指导学生的校外实习。

实践教学考评机制建设。实践教学考评体系是保证实践教学质量、考察实践教学效果的重要途径。首先，要建立实践教学考核体系。应根据实践教学目的，结合实践教学的特点，对每个实践项目，制定合理、规范、灵活和多样化的实践考核方式，如过程控制评价、指标量化评价和多元主体评价等多种形式相结合的实践教学成绩评定机制。调动学生实践学习的积极性，充分发挥学生的主动性，提高实践教学效果。其次，要细化实践教学的有关管理规定，各门课程的实践教学手册应突出可操作性，明确各项技能的操作要求、实践目标、注意事项及考核标准等。最后，建立包括行业专家评价、同行教师评价和学生评价在内的实践教学效果三级评价体系，通过定期信息反馈、实践教学研讨，促进教师不断改进实践教学方法，提高实践教学效果。

在创业型社会背景下，地方高校在 EIP-CDIO 培养模式下，进行实践教学体系目标、实践教学课程体系、实践教学平台以及实践教学保障体系的构建，突出"职业素养—专业技能—创新创业"的协调发展，以更好承担起社会责任，服务社会经济发展。EIP-CDIO 理念下的实践教学体系的建立和实施是一项长期的系统工程，经过不断的探索、改革和完善，必将对高校的实践教学产生更加深远的意义。

第五节　转型高校特色实践教学体系的构建模式

2015 年 11 月教育部、国家发展改革委和财政部发布了《关于引导部分地方普通本科高校向应用型转变的指导意见》，明确了高校向应用型转型的思路，要求高校把办学思路真正转到服务地方经济社会发展，把办学定位转到培养应用型技术技能型人才，把办学模式转到产教融合校企合作，全面提高学校服务区域经济社会发展和创新驱动发展的能力。因此，向应用型转变高校必须改革传统教学模式，加强实践教学环节，构建科学化的实践教学体系，提高应用型人才的培养质量。

一、转型高校实践教学中存在的问题

（一）实践教学缺乏系统性和整体性

传统的人才培养重理论轻实践、缺乏系统性和整体性，在专业人才培养中实践课程的开设不科学，内容衔接不合理，没有形成完整的、系统的实践内容体系。对于实践教学内容，必须建立一个系统的、整体的实践教学体系，培养学生的实践应用能力。

（二）实践教学内容与岗位要求不适应

现代教育因为教学的传统性，实践教学过于依附理论教学，学生实践能力差，根本无法适应社会岗位的需求。在向应用型转型的高校中，实践教学是培养学生的创新精神、实践能力和创新创业能力的重要环节，也是理论联系实际的重要表现，实践教学体系的设计必须体现对岗位能力的支撑和对社会需求的适应。

（三）实践教学方法落后、形式单一

实践教学是培养学生应用实践能力的重要手段，实践教学目的是通过实际的操作将学到的知识付诸行动，是理论教学的延伸。但是在实际教学中，实践教学方法落后、形式单一以及缺乏层次性多样性，扼制了学生的实践能力和创新思维的培养，学生的实践应用能力无法提升，培养的学生无法满足社会对应用型创新型人才的要求。

二、转型高校实践教学体系的构建原则

（一）系统性原则

构建实践教学体系必须坚持系统性原则，要与理论教学保持协调，确保学科知识的系统性和整体性。实践教学的各个环节必须环环相扣、相互配合，实践教学的目的和内容必须符合应用型人才培养的要求。

（二）创新性原则

创新性原则是学校培养应用技术人才要坚持的根本原则。创新性原则对实践教学的要求是，要创新实践教学体系，深化实践教学的内涵，构建以符合社会需求的"以应用能力培养为主的"促进学生个性发展的实践教学体系。

（三）特色化原则

应用型高校的人才培养主要以服务地方经济和社会发展为主，重视产学研联合和校企深度融合。在构建实践教学体系时，要充分体现专业特长，突出专业特色，培养有特色的人才，以增强学校在社会的竞争力。

三、转型高校实践教学体系的构建

（一）构建以应用能力培养为核心的实践教学体系

以应用型人才培养为目标，在理论教学体系指导下，探索实践教学应该怎么做、如何做？构建四级实践教学体系，即实践教学的目标体系、实践教学的内容体系、实践教学的保障体系和实践教学的评价体系。

实践教学目标体系：包括人才培养目标、专业发展目标、课程建设目标、实训实习目标和技术技能目标等，强调应用能力培养的顶层设计，突出实践教学体系的应用性与针对性。

实践教学内容体系：整合现有课程类型，构建"模块化"实践教学课程体系，形成基础实践、专业实践、创业实践、社会实践和综合实践五大模块。在专业理论学习的指导下，实践环节课程不断体现现代产业和行业的最新技术，使人才培养与产业和行业的需求对接。

实践教学保障体系：打造兼具企业生产经验和教学管理经验的"双师双能型"教师队伍，具有完备的实验设备与设施、专业的实验实训室以及仿真性的实践教学环境，形成校内和校外两大实训平台。保证实践教学经费充足，专项经费使用科学合理有效。

实践教学评价体系：构建科学、完整的实践教学评价体系，实现实践教学质量的持续改进与提升。建立实践教学状态监控和实践教学水平评价机制，制定实践教学质

量标准，促进教师实践教学水平的提高与学生实践应用能力的提升。

（二）构建"实验室＋基地＋实体"的实践教学模式

依托省级重点实验室、实验教学示范中心、专业实验室强化学生基础实践与岗位实践能力培养，依托校企融合建立校内实践教育基地和校外实践教育基地培养学生的专业实训能力，依托公司企业实体培养学生的综合实践能力。依托大创活动、省级大学生创新创业教育基地以及校内孵化基地将创新创业教育融入实践教学，培养学生的创新意识与创业能力。

构建"321"型特色实践教学模式，为应用型人才培养服务。在大一和大二时，通过三个实验室（省级重点实验室、教学示范中心和专业实验室），对学生进行单向实训和课程实训。在大三和大四时，通过校内实践教育基地和校外实践基地，以及学校拥有的实体公司和校内孵化基地，对学生进行综合实训。在大一至大四，开展全方位的创新创业教育，使得创新创业能力培养贯穿于人才培养全过程。

通过"四个对接"，实现课程内容与职业标准对接，教学过程与生产过程对接，毕业证书与职业资格证书对接，学习目标与岗位任务目标对接。推行"五进五融"，倡导企业文化进校园、企业人员进校园、职业环境进课堂、岗位任务进教材和工作流程进课堂，实现企业文化与校园文化融合、"双师"融合、专业能力与职业技能融合、教学内容与岗位任务融合以及教学方法与工作流程融合。

（三）构建"模块化"实践教学课程体系

结合职业教育特点，综合现有的公共课和专业课，融入理论知识模块、实践能力模块和综合素质模块，加大实践教学的比例，以实践教学课程改革为突破口，突出集中性实践课程的行业化、专业化，实现产教融合，校企融合，将实践课程学分在应用型人才培养总学分的比例提高到30%以上。形成基础实践、专业实践、社会实践、创新实践和综合实践相结合的五大模块实践课程体系，以达到提升学生实习实践的能力。

在基础实践中，以提高学生综合素质和激发钻研兴趣为主；在岗位实践中，以提高学生熟练操作能力和完善岗位技能为主；在专业实践中，以培养学生专业精神和提高专业水平为主；在社会实践中，以培养学生社会责任感和提升职业素养为主；在创新实践中，以培养学生创新思维和提高创新能力为主；在综合实践中，以增强学生实践应用能力和实践创新能力为主。

"模块化"的实践教学课程在教学设计时，必须合理安排教学顺序，遵循循序渐进的教学次序。按照基础实践、专业实践和综合实践的顺序开展实践教学，开展大一社会实践进农村、大二社会实践进企业和大三大四社会实践进专业，实施创新创业实践贯穿整个人才培养。

　　总之，实践教学体系是一个完整系统，它是由若干个部分构成的。每个部分又是由多个因素组成的，它们之间相互配合、相互影响、相辅相成，转型高校必须发挥实践教学在应用型人才培养中的作用，改革现有的实践教学体系，构建以应用能力培养为核心的科学化、系统化的实践教学体系，推进应用型人才培养的提高。

第五章　地方高校实践教学体系的基本内容

第一节　高校空中乘务专业实践教学体系

社会对于一线工作人员综合素质的要求越来越高，高校作为人才培养的专业机构，其教学侧重点也做了相应的调整。专业实践教学体系是高校集中培养人才的重要途径，实践教学能帮助学生将学习到的理论知识积极运用到实践中，同时能在实践过程中锻炼新的实践技能，提升全面的综合能力。空中乘务专业由于其专业的特殊性，对学生的综合素质与能力要求非常高，要求从业人员具备职业认知与道德、积极的舞台表现力、流畅的语言能力、稳定的心理能力、良好的沟通能力、过硬的体能、多元的社会实践经历以及初步具备初级乘务员知识与技能，专业实践教学体系对于高校的空中乘务专业来说就尤为重要。高校应基于社会和行业的标准积极构建空中乘务专业实践教学体系，为社会和行业更好地培养学生构建教学基础，培养出专业过硬，实践能力强的优秀人才。

一、空中乘务专业实践教学体系构建的现状

近年来，随着航空业的发展，各高校扩大了空中乘务专业的招生，并与航空公司直接对接输出专业人才，也取得了一定的成绩和效果。空中乘务专业是专业实践性比较强的专业，实践教学体系构建成为高校重点建设的教学方式和人才培养途径。由于硬件设备、软件师资和学校教育方针计划等多方面的影响，空中乘务专业距离理想的综合发展还有一定的距离，专业实践教学仍处于建构完善的阶段。目前，高校空中乘务专业的实践教学体系都统一根据国家的教学大纲进行教学。首先，教学体系内容不明确，目前高校空中乘务专业教师大多数是从航司退役的乘务人员，不同的航司在服务程序、应急处置标准流程等方面均有差异。即使是同一院校会同时聘用从不同航司退役的空乘教师，这些教师往往使用不同航司的标准进行教学，致使老师在教学过程

中灵活度过，教师与教师之间的教学方式、内容和结果存在很大的差异。其次，教学目标与学校专业的实际情况不相符，老师在开展专业实践课程时常常使用与本校学生不匹配的教学体系，严重影响到了学生的学习成果。再者，很多高校在空中乘务专业实践教学中是与社会脱节的。由于各种原因的影响，一些高校在空中乘务专业的实践教学中往往无法与行业公司进行资源的对接，从而让学生的专业实践严重与社会要求脱节，不利于学生毕业后的择业工作。很多高校因为资源的问题，空中乘务专业实践教学硬件设备单一，比如只有静态舱等，不利于高校开展高质量教学。为了更好地为社会和行业培养对口的专业人才，高校应积极采取相关措施构建高质量高技术含量的空中乘务专业实践教学体系，综合提高教学质量。

二、空中乘务专业实践教学体系构建的影响因素

（一）完整的教学体系，长远的教学规划

对于高校而言，设立一个专业，需要有完整的教学体系和长远的教学规划。有了成熟的教学体系和长远的教学规划，高校才能按照计划实施具体教学项目，包括基础设施的建设、专业师资的招聘、学生招生、教学的开展以及学习成绩考核等诸多领域。高校的教学体系和规划是高校空中乘务专业的总体方针，方针需明确、精准、有规划、有前瞻性……才能有效地指导高校构建高质量的空中乘务专业实践教学体系，以此提高教学效果，完成高质量的教学。

（二）齐全的专业教学设备器材

空中乘务专业本身具有特殊性，高校在培养专业人才时需使用大量的专业教学设备器材辅助完成教学，大多数专业器材对于教学来说是必备的，使用的结果会直接影响到学生的学习和专业素质的体现。比如，集中服务的区域机场大厅的实践平台，机场大厅是空中乘务服务开始的第一阶段，对于旅客的体验直接而重要，其中涉及地面服务的诸多岗位，如值机、问询、引导、易登机、安检和 VIP 等，对包括空中乘务专业在内的民航服务专业群学生的大民航工作岗位的体验，有着非常积极的意义。再如：空中乘务专业的实训设备，如静态服务舱、动态舱、水上撤离训练场、灭火训练舱以及舱门训练器等 CCAR-121 部和 AC-121-34 规定的乘务员训练设备的综合使用，都会直接影响到空中乘务专业实践教学的成果，这对高校空中乘务专业学生的培养起到了决定性作用。

（三）师资团队，教学实力

师资团队和教学实力对于一个高校来说是核心竞争力，也是高校实力的体现。高校空中乘务专业实践教学体系构建中，由师资团队带来的教学实力是最大的影响因素。

高校在专业人才培养的过程中外部硬件设备的建设相对容易，真正的考验是专业师资团队的组建和培养，古话"强将手下无弱兵"就充分地说明了师资团队带领下教学实力的重要性。所以，构建年龄结构合理、职称与行业资历平衡、专兼结合和校企共赢的师资团队，对提升高校空乘专业的教学水平、培养更适合社会和行业要求的学生尤为重要。

（四）专业对口的社会资源对接

高校是空中乘务专业人才培养的机构，而航空公司是专业用人的单位，很多学生从高校毕业后都会直接进入航空公司就业。高校空中乘务专业实践中专业对口的社会资源对接，对学生的行业素质培养至关重要，这也是高校专业竞争力的体现。能在专业领域与社会优质资源长期合作的高校，往往都培养出理论知识过硬、实践经验丰富的优秀人才为社会所用。

三、空中乘务专业实践教学体系构建的解决办法

（一）建全实训设备，实训环境中实践

空中乘务专业实践教学中需要大量使用到专业的仪器设备完成训练，很多实践教学需要在真实的情境中模拟完成。因此，高校构建空中乘务专业实践教学体系首先应建全实践教学所需设备，比如静态服务舱、动态舱、水上撤离训练场、舱门训练器和灭火训练舱等，以满足教师顺利开展专业课程的实践教学。同时，高校应充分利用相关资源，对接好在空中乘务专业实践教学中需要使用的实训环境，比如机场大厅等场所。在使用频次不高的基础设备上，高校之间可以建立起相互的合作模式，共同配置基础设备，共享资源，降低教学成本提高资源利用率。

（二）教师到企业挂职锻炼

专业教师是学生接触专业知识最直接的媒介，教师是学生学习的首要影响因素，教师的教学模式和教学方式很大程度上决定了学生学习的结果。高校在空中乘务专业实践教学体系的构建中，应充分考虑到教师在教学中的重要性，采取有效措施提高教师的综合水平，来保证教学水平。在空中乘务专业实践教学体系中可以安排教师到企业挂职锻炼，让教师在实际的锻炼中明白企业对专业人士的具体需求和综合素质的要求。从而明确教学目的，调整教学方式，将培养的专业人才尽量靠近社会需求人士。提高教学效果，高质量培养人才，为社会培养出符合需求的专业人才。

（三）学生专周实训

实践教学需要一定的训练量和时长才能达到好的效果，高校空中乘务专业实践教学体系中应明确学生的实训时长，一般为专周实训。专周实训不仅能使学生有足够的

时间和精力学习好专业的理论知识，同时也有足够的机会和时间进行实训。在实训的过程中，学习新的专业知识，复习运用旧的理论知识，从而相互促进实践和理论知识之间的学习运用，营造一个良好的学习循环。全方位提升学生专业学习效果，提高教学质量。

（四）引企入校承接航空企业乘务员培训项目

因为需求和目的的不同，高校和航空公司对专业乘务员的培训存在一定的差异。为让学生更加清楚航空公司对专业乘务员的要求和培养方式，高校应对接有效资源定期有计划引企入校承接航空企业乘务员培训项目。让学生在企业专项培训中清楚社会对专业乘务人员的素质要求、培训方式和考核方式，以此激励学生在专业实践学习的过程中，明确目标和方向，不断加强学习提升自己的专业能力，成为被社会需要的专业人士。

（五）学生到企业顶岗实习

企业顶岗实习是高校空中乘务专业实践教学体系最为直接有效的实践教学，也是学生走向社会、走向专业岗位的第一步。实践教学体系中应明确学生到企业顶岗实习的条件、期限、内容和考核。在实际的教学中，学校应与社会企业对接为即将毕业的学生联系更多的顶岗实习机会。一方面学生可以在顶岗实习中，查缺补漏进一步提升专业能力。另一方面学生可以通过顶岗实习的机会早一步进入企业，熟悉企业工作氛围，为之后的就业打下基础。一般来讲，航司出于安全的需要，对空乘学生到航司顶岗实习是有特殊要求的，通过航司面试的学生才能到企业进行顶岗实习。这就对学校的学制自然形成一些要求。

（六）民航科普基地的建设与运用

空中乘务专业的专业性非常强，空中乘务员必须通过专业的学习培训考核之后才能上岗工作。通常航空公司和高校在专业人员的培养上都有密切的合作，通过各自的资源尽量培养出高素质的优秀人才。有条件的情况下，高校在乘务专业实践教学体系构建中，应考虑将民航科普基地的建设充分将其运用到实践教学中。民航科普基地建设可以为高校带来行业资源、教育资源，拓展学生的视野，形成民航担当安全可科普知识宣传的格局，同时也能为本校的学生锻炼专业技能提供大量的实践机会。学生可以担任讲解员、民航安全与科普知识助理、现场礼仪教练员以及科普研学儿童引导员等，在拓展视野的同时锻炼了专业技能，培养了多项综合能力。民航科普基地的建设与运用为实践教学提供社会资源与行业资源，是提高实践教学质量的一个重要途径。

（七）面试成功后跟岗实训

跟岗实训的实践教学是高校培养专业人才常用的教学方式，一直贯穿整个教学的始终。空中乘务专业的学生在即将毕业的一年，学校已经没有安排其他的课程，而是留出了更多的时间让学生选择工作。学生面试成功后便跟岗实训，这也是实践教学中非常重要的内容。学生在面试成功后就开始跟岗实训，不仅能提前走进工作岗位接受专业的培训，还有助于学生从心理上快速适应学校到工作岗位的节奏，从而以更高的专业素养正式走向工作。因此，高校在空中乘务专业实践教学体系构建中应将面试成功后跟岗实训作为其中的重要内容，有计划地进行实践。采用 2+1 学制或者 2.5+0.5 学制，既能保障学生在校期间的思想道德意志品质的形成和知识技能基础学习时间，又能灵活保障学生面试成功后的跟岗实训实践。

（八）工作手册式实训指导书的建设

工作手册是企业工作要求、工作内容和工作流程的特别说明，是每个企业对专业乘务员所有素质的要求体现。各航司都编有自己的空中乘务员工作手册，工作手册既要达到民航局基本要求，同时也要基于各航司自身特点与岗位需要。工作手册变化性较强，常常根据民航司局的各项通告和指令以及航司业务额的变更而更新。高校在空中乘务专业实践教学体系构建中应将工作手册式实训指导书列入其中，定期收集有代表性的航空公司的工作手册在教学中实践教学，让学生更加清楚地认识到企业对专业乘务员的具体要求，从而明确学习目标，综合提升自身能力。

实践教学对于专业性非常强的空中乘务专业来说尤为重要。高校在空中乘务专业实践教学体系构建中应该充分考虑各种因素和资源，建立健全实践教学体系，综合提高教学质量，为民航培养素质全面、专业过硬的人才。

第二节 高校经济管理类专业实践教学体系

随着我国经济的不断发展，经济管理类专业学生越来越"吃香"，成为高校众多专业类型中比较炙手可热的专业类型，这为进一步推动我国经济建设提供了强有力的经济管理类人才保障。从本质上来讲，经济管理类专业更倾向于应用型专业范畴，所以构建实践教学体系，为学生提供高质量的实践教学内容就显得尤为重要。经济管理类专业其实属于交叉型、综合型专业，是经济与管理两个方向的集合体，所以表现出非常明显的综合型特征，对学生综合能力要求较高。对于任何一个企业来说，追求经济效益都是放在首位，而要追求经济效益，那么做好各项管理工作是非常有必要的。因为只有把管理工作做好，一来才能为员工指明工作方向，避免他们的工作方向产生偏差，二来也可以起到监督管理、约束行为的作用，这对企业长远发展都是必不可少的。经济管理类专业学生所学习的理论知识比较多，而且这些理论知识之间或多或少都会存在一些联系，单纯地让学生学习理论知识而不让他们在实践教学中深入理解，那么他们在一段时间以后就会把这部分知识遗忘，理论教学的意义也就丧失了。但是通过构建有效的实践教学体系就可以在一定程度上避免这种情况的发生，从而更好地保证理论教学的有效性，同时还可以让学生在不断的实践中提高自身综合能力，达到素质教育的目标。

一、高校经济管理类专业教学现状

目前国内高校经济管理类专业主要由两大部分组成：经济学与管理学。其主要涉及的专业有会计、财务管理、审计和人力资源管理等。所以从经济管理类专业所囊括的专业类型可以看出，在理论教学基础上有完善的实践教学体系是非常有必要的。经济管理类专业作为当前我国比较热门的专业领域，受到很多学生的欢迎，所以做好教育工作非常重要。在经济全球化时代背景的影响下，经济管理类专业迎来了难得的发展机遇，但是在实际教学过程中却存在各种各样的问题，影响了经济管理类专业人才培养工作的高效发展，同时在某种程度上也影响了我国经济的发展。

（一）理论教学与实践教学脱节现象明显

目前国内经济管理类专业人才培养工作由理论教学与实践教学组成，而这两个教学环节需要教师同步进行，不能说哪个环节比哪个环节更为重要。理论教学与实践教学是相互影响、相互促进和共同发展的教学环节。没有理论教学作为基础，那么实践教学就无从下手。而缺乏实践教学"兜底"，理论教学就显得非常空泛、苍白无力，学生学习起来也缺乏自信。鉴于此，如果教师想要做好经济管理类专业人才培养工作就必须"两手抓"，既要看到理论教学的必要性，同时还要意识到实践教学在弥补理论教学不足方面的意义。然而，虽然很多教师也意识到了理论教学与实践教学的重要性，并且积极开展了实践教学，但是这些实践教学并没有以理论教学为基础，两个教学环节就像"两条平行线"，相互之间根本就没有交集，这就导致两者不能有机融合，难以达到"1+1>2"的效果。理论教学与实践教学脱节现象明显还影响到了学生学习的积极主动性，因为他们在实践应用时并不能发挥出理论知识的作用。长此以往，不仅会影响到他们实践应用能力的提升，同时还会让他们感觉学习理论知识根本就没有用，对他们未来发展所产生的作用微乎其微。

（二）缺乏合理的实践教学体系

对于实践教学工作而言，具有一套行之有效的实践教学体系尤为重要，因为其不仅为后续的教学活动奠定了基础、指明了方向，同时也可以使实践教学活动更规范化，对提高学生实践应用能力具有重要意义。但是国内高校经济管理类专业基本上都存在一些问题，那就是或者缺乏实践教学体系，或者所谓的实践教学体系都是形同虚设，根本就不能起到引导性的作用，甚至还可能成为教师开展实践教学工作的枷锁。缺乏有效的实践教学体系，教师在开展实践教学工作时往往会显得非常随意，只是简单地根据自己的经验给学生安排一些实践内容，或者完全根据教学大纲的要求按部就班地给学生上课，而没有考虑实践教学有效性，导致很多学生即使在课堂上认真学习，也难以学到真正有用的技能。学生创新能力的提升离不开实践教学环节的帮助，而如果教师只会采用这种"填鸭式"教育，那么学生在这方面的潜力就不可能被挖掘出来，甚至还会扼杀他们的创新能力，给他们未来发展带来不利影响。这就要求教师能够在原有的实践教学基础上，重新探索出一条符合学生、社会未来发展的实践教学道路，并且及时构建实践教学体系，提高自身教学能力，为学生创造更优越的实践教学服务。

（三）实践教学方式单一

对于大部分高校经济管理类专业学生而言，实践教学环节要比理论教学环节更有趣味性。但是，教师只会沿袭传统的实践教学方式而没有任何新意，又让这部分学生的兴趣消失殆尽。实践教学与理论教学侧重点虽然具有明显的差异性，但是它们都应该以激发学生学习兴趣为立足点，首先让学生产生兴趣，这样才能保证教学有效性，从而发挥出教学的作用。由于受应试教育的影响，很多经济管理类专业教师并不重视实践教学，在对待实践教学问题上态度比较轻视，也没有把很多时间和精力投入实践教学活动中。实践教学对经济管理类专业学生未来发展的重要性不言而喻，教师对实践教学的这种消极态度自然而然地影响到了学生听课过程。实践教学方式老套是影响实践教学有效性的主要因素之一，也是很多学生逐渐失去对实践教学兴趣的重要因素。传统的实践教学一般都是在校园内进行，学生基本上不会与企业有交集，所以造成社会资源的浪费。"校企合作、产教融合"已经成为很多高校完善实践教学工作的有效途径，也是学校与企业实行人才联合培养计划的有效手段，对提高教育质量、实现人才类型与企业需求无缝衔接目标具有重要意义。但是很多经济管理类专业教师并没有大胆地将这种实践教学模式引入校园，导致学生实践应用能力得不到有效提升。

二、高校经济管理类专业实践教学体系建设路径

经济是国家发展的命脉，加强对国家经济建设不仅可以让国家在国际上更有话语权，同时还可以为更多的人谋福利，促进社会的和谐与稳定，为实现中华民族伟大复兴的中国梦奠定基础。经济的发展离不开人才培养，高校经济管理类专业是培养社会经济管理型人才的主要场所，也是中国经济能够让世界各族人民刮目相看的强有力保证。高校在培养经济管理类专业人才时，不仅要以理论教育为基础，同时还要把实践教学活动放在一个足够高的位置，通过有效的实践教学激发学生创新创造能力，让中国的经济建设更上一层楼。从目前的情况来看，国内高校经济管理类实践教学工作仍

然存在着一些问题，不仅影响了学生对实践教学的兴趣，同时也不利于他们未来的发展。鉴于此，各大高校首先应该构建实践教学体系，在实践教学体系的指导下开展后续教学工作。

（一）保证理论教学与实践教学的衔接性

对于高校经济管理类专业教师而言，他们在制订人才培养目标、教学计划时，必须有全局意识和大局意识，准确把握教学的方向，不能撇开实践教学而去开展理论教学，否则必然会导致理论教学与实践教学无法有效衔接。也就是说，教师应该摒弃传统的理论与实践教学模式，认真考虑两者之间的关系，并且找准连接两个过程的桥梁。当然，教师所安排的教学内容也应该具有时代性，保证学生在学习过程中所掌握的知识不会与社会应用脱节。经济管理类专业属于综合型、应用型专业范畴，而会计、工商管理等专业属于经济管理类专业的范畴，但是在实践教学方面应该区别开来，不能采用大众化的实践教学方案开展教学工作，否则必然会影响到理论教学与实践教学的衔接性。教师之间也应该加强交流与合作，把理论教育与实践教育放在同样高的位置上，为学生提供更优越的教学条件，满足他们的未来发展需求。

（二）改革实践教学方式

实践教学方式也会对实践教学有效性产生很大的影响。为了激发学生对实践教学的兴趣，提高他们的创新创造能力，教师要打破传统的实践教学方式，将"产教融合、校企合作"应用到实践教学环节，一方面可以让这些社会资源得到充分利用，另一方面也可以使高校所培养出来的学生能够满足企业实际需要，降低企业在入职培训过程中的成本，这对提高企业竞争力是非常有利的。除此以外，教师还要善于利用网络资源，通过一些模拟软件来锻炼学生经济管理能力，同时考察他们对经济发展形势的判断能力，这对于他们未来发展而言都是不可缺少的宝贵财富。可以说，只有当他们在校园尽可能多地学习知识、掌握技能，他们才能在未来发展中脱颖而出，显露出更强的竞争优势。

（三）提高教师实践教学能力

如果没有优秀的实践教师作为基础，那么无论学校的硬件设施多么完善，都很难做好实践教学工作。也就是说，要想保证构建出的经济管理类专业实践教学体系的有效性，提高教师实践教学能力是必不可少的环节。在这个过程中，学校可以定期邀请企业专家到学校给广大师生群体进行讲座，弥补传统课堂教学的不足，同时帮助他们积累实践经验。

第三节 高校人文社会科学实践教学体系

一个国家的教育是这个国家发展最重要的动力和源泉。在我国的教育体系中，普通高等院校和高等职业院校是我国高等教育的两大体系。高等教育是个人知识、技能等各方面综合素养提升的关键阶段。高等教育不仅决定了一个人的基本素养，还显著影响着我国整体高等人才的培养水平，对我国经济、科技等方面的发展起到重要的推动作用。经过几十年的发展，我国高等教育还存在着过于重视理论研究，在一定程度上忽略实践教学重要性的问题，特别是人文社会科学。人文社会科学包含各类知识，这些知识只有在社会实践中才具有真正的意义。因此，缺乏充分的实践教学是当前高校人文社会科学存在的最为严重的问题之一。本节以高校人文社会科学为研究对象，分析当前所存在的问题，并针对性地探讨如何在高校人文社会科学中加强实践教学体系的建构与实施。

一、高校人文社会科学教学中存在的问题

（一）人文社会科学课程设置过于偏向理论研究

高校人才培养的核心是课程体系的建设，因而从各高校各专业的课程体系的设置我们就能看出其人才培养的核心理念。从当前各高校人文社会科学的课程设置情况可以看出，当前人文社会科学的教学理念过于偏向知识化的理论研究，将理论知识的传授视为仅有的人才培养方式。这种过于重视理论知识的学习一方面直接造成了高校学生只会做题，不会解决实际问题的"高分低能"的问题，另一方面长时间的这种培养理念的灌输会导致学生养成重知识学习轻实际应用的片面思维，非常不利于学生的长远发展。

（二）人文社会科学教学过程中忽略了实践教学

教育目的的具体体现就是教师的教学目标。在当前的高校人文社会科学的教学实际中，教师的教学目标和教学方案中普遍存在着不够重视实践教学的情况。之所以造成教师教学过程中忽略实践教学，最主要的还是因为当前的教学是以传统的分数为核心的教学，多数教师认为教学就是一个将知识传授给学生的过程。因此，在教学过程中教师的教学内容大多都严格局限在教材范围内，教师也只是单方面将教材中的内容简单灌输给学生。这样的教学几乎没有实践教学的存在，也就无法调动学生的学习积极性和主观能动性。

（三）人文社会科学教学中的实践教学的开展条件不佳

整体上看，高校的人文社会科学教学过程中的实践教学得不到足够重视，即使极少数开展的实践教学也都流于表面，收效甚微。造成开展的实践教学质量不佳的原因主要有以下几个方面：一是当前我国投入在高等教育上的资源不够，每个高校所拥有的教学资源也有限，这也就导致了投入在实践教学上的资源更少了，使得所开展的实践教学因为资源投入的不足造成实际成效不佳。二是当前高校一直处于规模扩招的趋势，经过几轮的扩招，各大高校的学生数量较以前有了显著的增加。学生数量的骤增更加剧了资源的不足，导致分摊到每个学生身上的资源变得更少，造成实践教学效果无法满足人文社会科学实践教学的要求。

二、高校人文社会科学加强实践教学的意义

（一）人文社会科学学习的必然要求

从人文社会科学的定义上来看，它是有关人类的思想、文化等方面的学科，主要是对人类关系和人类文化进行阐述和研究的学科领域。人文社会科学是为了对现有的人类关系、人类活动进行总结归纳，通过一定的理论和方法进行分析研究，最后去解释和发现其内在的本质和发展趋势，从而为社会的发展、人类的进步提供一些好的建议。由此可知，人文社会科学是与人类活动、人类文化紧密结合的，离开了实际就没有了其存在的意义。因此，在高校人文社会科学中加强实践教学是学科教育教学和人才培养的必然要求。

（二）实践教学是学生理论联系实际、深刻理解和掌握所学知识的有效途径

相较于传统的教师通过自身的说教，学生通过单纯的听来学习知识的模式，理论学习与实践教学相结合是一种更为高效的学习方式。重视实践教学，就是给予学生通过实际的应用从另一个角度进行知识学习的机会。通过实践学生能够对所学的理论知识进行重新的理解和学习。通过实际问题的解决，学生能够灵活应用自己所学，从而更为全面、深刻地理解自己所学的知识。这种通过实际应用来进行的学习，不仅能够提升学生学习和掌握知识的效率和效果，还能够丰富学生的整个学习过程，提升学生的学习兴趣。只要学生有了学习兴趣，就会主动调动自身的主观能动性，积极主动地去学，学习效率也会更高。

（三）实践教学有助于学生解决实际问题等综合能力的培养

加强人文社会科学中的实践教学，不仅能够加快学生的学习速度，提升学生的学习质量，通过实践教学的训练，还能极大地提高学生的实际动手能力。实践教学一般

都是针对某一个具体的问题展开的，能够充分锻炼学生发现问题、分析问题和解决问题的综合动手能力。此外，通过实践教学的训练，还能有助于学生处理实际问题思维的锻炼和提升，有助于学生创新精神的形成。因此，人文社会科学中实践教学有助于学生综合能力的形成，而综合能力是当前社会、科技和企业持续发展所需人才最应该具备的核心能力。

三、高校人文社会科学加强实践教学的策略

（一）重视人文社会科学的实践教学，确保足够的教学资源的投入

要想有效加强高校人文社会科学中的实践教学，就必须足够重视实践教学，只有对其足够重视，我们才会在实践教学中投入足够的教学资源，从而确保人文社会科学实践教学的质量和成效。国家和社会要足够重视人文社会科学的实践教学，国家在进行整体的教育规划时，要确保人文社会科学实践教学的资源是足够的，加强对实践教学的政策性倾向。社会则应该积极为高校的人文社会科学实践教学提供物质等方面的支持，提升实践教学的开展次数。各大高校要充分认识和重视人文社会科学中实践教学的作用，在课程设置、教育资源投入等方面要确保实践教学所占的比重。教师和学生则更应该加强对人文社会科学中实践教学的重视度，在有限的条件下尽可能去提高实践教学的质量。

（二）加强理论联系实际，课堂和实践并重

课堂教学是学生理论学习的重要方式。课堂上通过教师来传递的知识属于"显性知识"，而通过实践教学学生自己亲身体会和内化的知识属于"隐性知识"。两者共同构成了整个知识体系。因此，要想促进学生的全面发展，就必须做到显性和隐性并重。因而高校人文社会科学的实践教学必须和理论知识联系起来，做到课堂教学和实践并举。首先，在课堂教学中教师应该有意识地在知识的传递过程中将理论和实践有机结合并创造调节，即教师在教学过程中讲述理论知识时，必须有意识地明确这些知识在哪些实际场景中能够用到和该怎么用。这一过程不是为了让学生掌握如何去实际应用，而是要让学生形成一定的理论应用概念，以方便其快速过渡到实践教学中的学习。而在实践教学中，实践内容的确定、实践的具体实施等要与之前所讲述的理论知识形成对应，让学生在实践中去重新理解所学习的理论知识，从而加深知识学习和掌握的程度。

（三）加强情景教学在高校人文社会科学教学中的应用

要想有效加强高校人文社会科学的实践教学，一个高效的方式就是注重情景教学的应用。情景教学也是实践教学中的重要教学方式之一。任何学习、实践都是在一定

的条件下开展的。因此，在教学过程中教师要充分应用情景教学来有效提升实践教学质量。例如，教师应该积极学习和应用以计算机技术为核心的各类先进的辅助教学工具，在教学过程中构建一个高质量的教学环境。计算机、多媒体等辅助教学工具能够极大地丰富教学内容，并使整个教学过程生动化、形象化和趣味化，从而降低学生理解和掌握的难度，提升学生的学习成效。此外，通过这些辅助教学工具使整个教学过程趣味化，这能够使学生在学习过程中感受到学习人文社会科学的乐趣，从而提升学生的学习兴趣。只有学生产生浓厚的学习兴趣，才能充分调动自己的学习积极性，最终提升整个实践教学的效果及效率。

高等教育关系到整个国家、社会的发展，高校教学质量关系到人才培养的质量和效率，其重要性不言而喻。但是当前高校人文社会科学教学中普遍存在着忽略实践教学的情况，导致实践教学质量不佳。实践教学是快速提升学生学习成效，加深学生理解和掌握程度，有效促进学生学和用全面发展的重要途径之一。因此，在人文社会科学教学中我们应该重视实践教学，注重理论联系实际，注重在实践教学中情景教学的应用，如此才能更有效地提升高校人文社会科学实践教学效果。

第四节　高校园林专业教学的实践体系

21世纪人口、资源与环境问题是全人类共同面临的难题。园林学在保护和合理利用自然环境资源，创造生态健全、景观优美的人类生活环境中发挥着特殊的作用。进入21世纪以来，对园林专业人才的需求空前旺盛，我国园林行业迎来了高速发展期。系统改革园林创新型高素质人才的培养模式与方法，优化园林专业教学体系，提高人才培养质量已成为当务之急。

一、园林专业教育的发展简况

国外园林专业简况。现代风景园林学是融自然科学、工程技术与人文学科于一体的大综合性学科。世界上第一个风景园林学专业于1901年在美国哈佛大学开设，目前美国有60多所大学设有园林专业教育，其中2/3设有硕士学位，1/5设有博士学位。经过一个世纪的发展，风景园林学在国际上已发展成为与城市规划、建筑学三足鼎立的学科专业。目前欧美共有180多所大学设置了园林专业，包括本科和研究生教育两个层次，涵盖规划、设计、研究、管理和工程技术等方面，在同一教育层次根据发展方向又分为不同的学位，以适应不同的人才培养需求。

我国园林专业发展简况。我国最早在20世纪20年代中叶在一些高等院校的建筑科和园艺科就曾开设了庭园学、庭园设计和造园等课程，与美国、日本相比也不过仅晚一二十年的时间。20世纪30年代浙江大学等少数高校开设了观赏园艺课程。但作为一个专业来设置园林学科是起源于1951年。改革开放后随着社会经济的发展和城市建设的加速，园林专业高等教育得到迅速发展。原江苏农学院（现扬州大学）于1987年最早开设了观赏园艺本科专业并于同年招生，园林专业2000年正式批准设立。现在我国有50多所院校设有园林专业或课程，少数院校设有或挂靠其他相关学科设有园林观赏园艺专业硕士研究生教育。

二、我国园林专业教育存在的问题

目前我国理、工、农、综合性大学中都有开办园林专业或开设相关专业课程，在不同性质的院校，该专业的属性也就不同，主要有理科、工科和农科三大类。这三大类在人才培养、课程设置等方面各有侧重。教学中存在的问题具体表现如下：

教学形式单调。教学上多数仍以传统教学形式为主，授课手段单一，授课形式缺乏多样性，学生主动性差，师生互动性明显不足，教学效果不理想。

教学体系单一。教学过程中过于强调理论知识，重园林艺术形式与表现，而对实践与技术的重视程度不够。有针对性的课程设计、工程实践不足，教师通常安排独立于规划设计以外的抽象技能训练，与具体的设计任务相分离，导致理论与实践脱节，不利于学生自身综合能力的提高。

教学评价体系固化。教学评价是教学环节中的重要一环，直接影响到学生学习的积极性和教学效果。多数课程多年一直按照7：3（期末考试：平时成绩）的固化模式，而且平时成绩的评定具有很大的随意性，缺乏一定的标准。

创新能力不足。应试教育束缚了学生的创新天性，而教学形式单调、体系单一又进一步制约了学生的创新思维，导致学生自我思考、自我学习和自我提高的动力不足，发现问题、动手解决问题的探索精神缺失，制约学生的个性化发展。

三、园林专业"认知、体验、探索"三位一体教学体系的构建

改革专业课程教学体系与评价体系，强化学生对专业知识的全面"认知"。以园林专业课程教学体系改革为突破口，激发学生主动学习的兴趣，变学生的被动接受为主动探索，夯实学生对园林专业知识体系的认知，最终实现人才培养由"继承型"向"创新型"的转变。①专业课程教学方法的改革。研究性教学是高等教育改革、培养创新人才的关键一环，大力践行研究性教学是教学改革的方向之一。结合园林专业课程的

特点，借鉴哈佛大学等国内外名校的教学经验，在以《园林树木学》《园林花卉学》《园林建筑设计》《园林工程》等为代表的部分专业课程推广实施"现场教学"，在特定现场围绕某一主题开展教学，与生产无缝对接，取得了良好的教学效果。②研究性教学评价体系的构建。当前我国高校研究性教学的考核评价体系尚不系统和完善，严重制约了研究性教学方法及经验的推广。为此，我们在广泛调研的基础上，构建了系统的包括园林专业在内的农科专业课程研究性教学评价体系，即总分＝专业知识考核（50%）＋研究性学习和实践性活动（35%）＋其他辅助考核（15%）。其中专业学业知识考核（50%）＝卷面理论考试（40%）＋现场问题考核（10%）。研究性学习和实践性活动考核（35%）＝课程论文（15%）＋实践操作与管理（20%）。其他辅助考核（15%）＝学习态度（3%）＋探索精神（4%）＋团队协作（3%）＋汇报答辩（5%）。评价主体由教师、小组和学生组成，各评价权重又有差别。大学农科专业课程研究性教学评价体系的合理构建，对研究性教学的深入开展起到了良好的促进作用。

搭建提高学生专业能力的各类平台，促进学生对实践教学的深入"体验"。①"室外大课堂"体验式实践教学创新。园林专业是应用性、实践性和社会性极强的专业。在教学过程中结合课程特点，创新提高学生专业认知能力的方法，充分利用校内外平台，特别是扬州市丰富的园林资源，设计特定的教学活动，有意识地开展"室外大课堂"体验式教学，充分调动学生自主学习的积极性，将体验式教学的方法科学合理地运用到园林专业课程教学中。从而有效地促进知识转化，有效激发学生的参与热情和创造精神，锻炼学生的实践能力，提高课程的教学质量。②学生实践作品展示与教师实践中的自我提高。设计类课程不定期举行学生的景观素描、设计作品、插花作品以及微景观模型建造等作品交流和展示活动，理论与实践相结合，培养学生实践应用创新能力。同时，针对指导学生实践对教师本身素质也提出较高要求的现状，充分利用各种便利条件，为教师集中参观、交流、探讨与共同进步提供了有效途径。

营造创新创业的浓厚氛围，鼓励学生对科技创新的主动"探索"。①鼓励学生参加各级各类科技创新。在校内结合"大学生科技创新基金"申报及"研本1+1"活动，鼓励学生积极申报科创基金，并根据科研兴趣进入实验室，进行科研思路与基本技能培训。同时，鼓励学生进入学校"创业苗圃"创业，对有价值有潜力的创新项目进行孵化，培养、锻炼、提高有创业激情学生的创新意识、创新能力。②鼓励学生在各个层面展示创新成果。在园林设计类课程教学过程中，除了课堂纸质作业外，园林系联合学院团委，开展学生职业技能大赛，如微景观设计大赛、插花比赛等，并组织三、四年级学生参加全国风景园林设计大赛，学生创新能力和专业应用能力明显提高。

园林专业"认知、体验、探索"三位一体教学体系改革覆盖面广，促进了学生优良学风的形成和教师教学水平的提高，经过多年实践取得了良好的教学效果。"认知、体验、探索"三位一体教学体系可为我国园林及其他相关学科专业教学改革提供有益的借鉴。

第五节 高校音乐专业实践教学课程体系

一、积极构建高校音乐实践教学课程体系的重要作用

（一）它有助于改变音乐教学的观念

在当今的高校音乐教学中，所采用的教学方法和理念都比较落后。教师注重学生理论知识的学习，忽视实践教学的发展。这种教学方法不能满足学生综合音乐能力的发展。学生综合能力的提升更需要音乐实践技能的培养，同时，还需要加强美感和人文素质的培养。在组织实践活动的过程中，教师可以提高自己掌握专业技能的能力，提高教学工作的质量。对于学生来说，通过实践教学的开展，他们可以深刻感受艺术中存在的美，并在教师的指导下继续实践，从而逐步掌握更多的歌唱、创作等技能。由此可见，要在教学中构建实践教学课程体系，就要加强学生课内外实践教学的结合，形成音乐教学多样化的专业教学模式，积极促进教学实践与音乐基础理论知识这二者之间的充分结合，才能真正有效改变教师传统的教学观念，提高学生的音乐综合技能。

（二）它有助于激发学生学习音乐的兴趣

任何知识的高质量获取都离不开学生的主动兴趣，只有学生产生了兴趣才能激发深刻的内生动力，去主动对知识进行学习和扩展。高校音乐专业的教学在实际的教学中不可能提高学生的学习兴趣。这一问题不仅存在于单个专业，而且是整个高校教育发展中普遍存在的问题。学生一般对所学的专业知识不感兴趣，在学习中不会主动接受知识点，这也是我国教育工作不断强调的内容。学生对学习失去兴趣，教师采用的理论灌输方法也是其中的一个因素。同时，他们也过分强调成就。音乐课堂教学中的这些问题是忽视实践教学的应用，盲目使用单一的教学模式造成的。所有的学习都需要学生积极参与。被动接受学习不符合当前的教育理念，不利于我国素质教育的发展，导致学生综合能力难以提高。当前，音乐专业实践课程的建设是为了提高学生的学习积极性，让学生感受音乐教学的美，进而促进教学效率的不断提高。

二、高校音乐学专业课程教学现阶段存在的问题

（一）学生的综合素质水平参差不齐

大学里的学生生源广泛，学生的基础综合素质参差不齐。大学里的学生来自世界各地。因此，不同地区的学生素质也不同。高校将有部分学生专业技术薄弱，舞台实

践经验严重不足。他们往往有自卑感，不敢上台表演，与实践课程内容有冲突，容易引起学生的心理问题，导致学生在实际舞台上表演时心理状态不佳，不能充分发挥自己的水平和力量。这种情况形成了一个恶性循环。由于缺乏实践，学生害怕表演，越怕表现，他们的实践能力就越差。虽然音乐表演专业根据实际教学需要开设了一些新的课程，但由于缺乏实践经验，学生的综合舞台素质仍然很弱，甚至比音乐学专业的学生还要差。在音乐表演课程中，有许多课程内容需要学生的合作。但是，由于学生在合唱中合作不当，不看指挥和伴奏，会影响整体表演。因此，如何充分调动所有学生的学习兴趣和学习能力是音乐教学过程中一个重要的难题。

（二）课程设置不规范，实践教学环节薄弱

从现状来具体分析可以发现，高校相关音乐实践课程的数量很稀缺，甚至个别高校严重不足。一些高校虽然开设了大量的实践性课程，但大多只是减少了理论性课程的比重。目前，我国许多高校正在逐步完善实践课程体系，形成实践课程大纲，制定相应的课程目标和计划。然而，在实际的教学过程中，教师仍然会存在过于随意的问题，这使得教学计划成为一纸空文。此外，普通高校音乐表演专业的教学目标和教学计划与师范院校音乐表演专业的教学目标和教学计划不同，这两类高校与艺术院校音乐表演专业的教学模式也不同。虽然高校重视课程体系的建设，但现阶段音乐表演专业实践教学体系的建设还不够完善。它往往是按照音乐学专业的教学体系进行建模，形成一个系统。这种模式的制度建设缺乏教育的科学性。近年来，随着教学改革的深入，对实践教学的要求越来越得到了相应的重视。然而，仍有不少高校只开设少量实践性课程，形式上也不多，内容上也不多，无法真正提高学生的实践能力。许多教师有传统观念，他们仍然认为，只要他们在课堂上表现出色，他们就满足于解释教材的内容，教学观念和思维相对保守。

（三）音乐实践教学中教师的能力相对较弱

高校的音乐课程教学应该积极地创新实践教学方法，更新音乐实践课程理念。在音乐表演专业的实践教学中也存在诸多问题。首先是教师自身的能力。由于部分教师舞台表演水平一般，在学习阶段没有积累舞台表演经验，参与工作后能力没有及时提高，教师在实际教学中往往感到十分无力。其次，部分教师没有注意到学生在教学过程中在舞台实践中表现出的一些问题。当学生表现好时，老师没有及时激励，当学生表现差时，他们没有激励。在教学中，他们对学生的音乐表演实践保持一种漠不关心的状态。他们不了解学生在表演舞台上遇到的问题，更不用说帮助学生解决自己的问题了。同时，长期以来，我国高校实践性课程的教学方法和模式相对落后，不适应实际需要。学生的学习兴趣得不到提高，评价和评价方法较为传统。最后，当前实践课程的评价机制也存在着很大的问题。课程的学分设置在教学中没有得到很好的落实，

一些不参与艺术实践的学生也可以获得艺术实践学分，这将导致学生不重视实践课程的情况。

三、高校音乐学专业实践教学课程体系构建的具体策略

（一）制定合理的实践教学目标

在音乐表演专业的实践教学中，首先要修订课程大纲，通过不断优化和完善课程教材内容，形成更具创新性的实践性、综合性的教学体系。主要内容包括课程内容的建设、教材的改进和实践教学大纲的修订。在实际应用过程中，要不断加强对学生基本知识、理论知识和基本职业技能的掌握，促进学生养成良好主动的学习生活习惯，为以后的音乐实践打下坚实的学习基础。例如，在教学计划的制订中，可以留出实习周，让学生根据课时要求，在每个学期的固定时间参与实习课程的学习安排。除了传统的基础课程外，还应该加强实践课程在整体课程中的比重，通过乐器表演课程、舞蹈课程、晚会策划课程和舞台表演课程，让学生有更多的机会参与实践。

（二）多元化实践课程的合理设置

为避免高校音乐实践课程的单一化体系构架，应该积极设置多元化的音乐实践教学课程。首先，教师可以主动邀请当地著名艺术家进入校园和课堂，以自己的专业经验和感悟为学生授课，引导学生进行实践。这样的实践教学更容易被学生接受，自然也就提高了效率。作为音乐表演专业的教师，我们应该不断丰富实践课程的教学内容，了解行业的实际情况，介绍一些专业音乐院校的教材，并与我们自己的教学内容相结合。例如，教师可以选择在曲目排练过程中使用一些音乐剧或外国歌剧，并将它们与自己的教学内容结合起来进行教学工作。其次，教师可以在这一阶段延长舞台表演课程的时间安排，让学生从学习开始就接触舞台表演课程，这一直贯穿于学生的整个学习生涯。在内容选择上，教师应尽量丰富教学内容，科学规划教学内容，通过实践课程提高学生的综合表演能力。最后，高校可以经常聘请一些校外社会文艺团体和一些具有丰富舞台表演经验的人才来到课堂，教给学生一些舞台表演经验和应对各种情况的方法，让学生更好地掌握舞台上可能出现的情况，并通过学习学会如何应对。除此之外，高校还可以定期与一些艺术院校的教授合作，在学校开展一些讲座，让学生通过学习讲座来丰富自己的音乐表演知识，使学生更深入地掌握自己的知识。

（三）提高实践教学课程质量

在教学活动中，积极鼓励和促进相关一线教学者主动进行教学实践的创新内容，积极运用一些创新的教学方法，使学生能够自主学习，提高艺术修养。在教学中，教师可以通过引导帮助学生在学习过程中强化思维，并与学生互动。通过互动，激发学

生对音乐学习内容的兴趣，从而有效地调动学生的主动学习能力，使学习成为一项由内而外的工作，不需要外部力量的强力推动，从而避免舞台表演的紧张。例如，在戏剧排练过程中，教师可以首先向学生演示整个表演过程，并让学生对其进行评估。演出结束后，老师会请聘请的艺术家表演这个片段，让学生感受不同的人对同一角色的不同表现，感受演出中的不同细节，激发学生独立思考自己的风格。在舞蹈创作课上，教师可以让学生根据优秀的舞蹈作品自主创作。通过这种教学模式，可以有效地帮助学生实践理论知识，丰富学生的专业知识。

（四）构建实践教学第二课堂机制

根据音乐专业实践教学的发展目标，学院需要制定更加具体的师资建设规划，加强教师专业能力培养，合理安排教师参与教育。同时，在教学工作过程中，落实合理的教师考核评价机制，注重对教师技能的考核，督促教师不断提高专业能力。学校也可以通过校企合作为学生提供指导，或支持教师深入相关单位进行实践，促进产教融合发展。同时，我们还需要在学校进行实践培训。在现有实训场地的基础上，根据实践教学的需要，制定阶段性实践教学考核标准，确保学校实训基地得到充分有效的利用，充分发挥其意义。除了高校音乐表演专业的实践教学外，教师还应该以专业学习为基础，帮助学生更好地巩固课堂学习的知识，使学生更加注重实践，积极参与实践活动。在实践活动中，教师应履行职责，帮助和引导学生，使学生在教师的指导下不断提高实践能力，积累实践经验。通过在学校举办音乐会和音乐比赛，激发学生的主动学习兴趣。对于一些优秀的学生，教师可以联系各种比赛和表演，为学生提供一些实际的表演机会。一些表演团队也可以定期被邀请到高校进行巡回演出，学生通过观看表演逐渐提升自己的审美能力。最后，学生可以参加一些专业小组并进行实践训练。这样可以使学生更贴近行业的实际情况，锻炼学生在活动中的组织能力。

综上所述，目前我国音乐表演专业学生的就业形势十分严峻。因此，高校应在教学中增加实践内容，使学生更好地掌握就业技能，不断提高自身的教学水平和质量，形成良好的实践教学体系。使学生在学习中具有更高的专业水平，具有较强的适应性，使自己的人才培养能够满足社会对人才的需求。创新音乐实践教学方法，为学生提供更好的音乐实践机会，从而大大提高学生的音乐艺术水平和综合素质，从而为社会培养更好的人才。全面评价学生的学习效果，有效解决音乐专业毕业生就业难的问题，使他们能够实现可持续发展。实践教学的发展对大学教育的发展起着重要的作用。音乐教学专业实践教学体系是一个完整的动态系统。要结合实践教学的发展目标和社会对教学人才的需求，制定最终的培养方法，促进实践教学的发展。

第六章　以培养创新能力为导向的地方高校实践教学体系概述

第一节　创新创业能力培养的高校实践教学体系

能够针对项目着手参与实践活动是大学生进行创新创业的基础。大学生在研习期间积累了一定的知识，再加上年轻、接受力强、时刻与时代及前沿科技接轨。因此经常会产生各种各样的想法。对于其中比较令人接受且容易实现的，可展开研究详细调查其市场需求，说不定就能成就一个好项目。但是在此之前对其进行实践能力的培育是非常重要且关键的，否则再好的项目也只能沦为空想。

一、目前高校实践教学体系的现状

最近几年我国的高校都比较注重培育学习者的实践技能和创新创业的水平，不断探索实践教学的新方式，并增加了对实践基地人力物力财力的投入，以改进其自身的实践教学水平，促使大学生提高实践技能和创新创业的水平，为我国经济的前行培育优秀人才。但是在部分高校的实践教学与探索中依然存在诸多比较严重的问题，这将严重阻碍大学生创新创业能力的培育。

（一）对实践的重要性认识不够

部分高等院校对实践的重要性认识不够，认为大学生的学习重点应是基础的理论知识，致使其所学与实践严重脱钩，创新创业的思维不强。有的教学者受以往的教学方式的影响，只要求学生认真听讲记笔记就可以了，导致学习者根本不可能接触到具体的实践活动，更谈不上实践技能的培育了。而且部分高等院校在教师的管理和引进层面也存在着不足，学校引进的绝大部分都是博士以上学历的研究型精英，他们自身缺少实践的机会及经验，因此在教习中同样存在重理论轻实践的问题。

（二）对实践教学没有进行规划

尽管有很多高等院校在实践教学中投入了相对较多的时间和资金，但是其教学效果却仍然不如人意，远未达到预设的目标。学校通常会将资金重点投放到学生实验、实习和双创能力的培育等环节，但由于各个实践环节之间的衔接不够连贯，学习者也不清楚这些环节之间的联系，因此这种教习方式的实际效果并不明显。除此之外，很多高校缺乏与企业长期协作的观念，导致学习者缺乏参与实践的平台，自然也无法积累就业经验为创业做准备。

（三）对实践平台的建设不够

实践教学的顺利进行受到很多条件限制，比如实验设备和器材是否完备、实践场地是否足够等等。相较于传统的理论课程，实践活动需要耗费大量的资金，操作起来也有一定的难度。如果院校的资金不够充足，师资力量也比较薄弱，那么实践活动的开展将受到极大的限制。有些高等院校资金充裕，也建立了多个实验室，但因缺乏相应的管理与运行机制，也无法充分发挥其作用，最后只能是流于表面。

二、面向创新创业能力培养的高校实践教学体系的构建

实践作为一门独立的教学课程，需涵括学生实习、实验活动、方案的确定、市场调查以及影响因素的判定等等，其宗旨是让学习者收获实践的体验感，学会自己分析处理事情，遇事不慌，不感情用事，养成理性分析的习惯。实践教学应将学习者放置在主动的位置，然而在实际操作中却很少有教学者能意识到。

（一）理性认识实践教学理论，锻炼学习者的动手能力

若要培育学习者的实践能力及动手能力，教学者就应当对实践教学理论具备完整而理性的认识。教师可以把实践活动分成三个部分：理论实践活动、专业实践活动和整体实践活动。理论实践活动侧重于考察的学习者专业技能与知识的掌握程度，为今后的进一步学习奠定理论基础。专业实践活动侧重于考察学习者的动手能力，通过设置调查与实验活动，让学习者在实践进程中去主动发现问题，去验证自己的想法，增加其见识和经验，从而逐步提升其实践技能。因受课堂时间的限制，教学者可以将学生自行分成几个小组，让其根据自身的兴趣选择一个项目来进行考察与研究，团体配合的方式能让其学到更多知识点与技能。专业实践活动可通过校企协作的方式来达成，让教学者引领学习者进入协作企业，为其提供实践的平台。整体实践活动侧重于考察学习者的整体的实践和创新能力，可以将其设为实践教学的最终考察环节。

（二）建设实践活动场地，优化双创计划

实践活动的场地可分为校内的实践基地和校外的协作企业实习基地。校内的实践活动面向院校内的所有教学者和学习者，不分专业和年级，通过协作企业指派优秀的技术工作者或管理人员到院校内进行专题讲座，向学习者传授知识、答疑解惑，活动结束后再由院校的教学者根据讲座内容安排项目进行模拟操作。教学者可以将校内的

专业竞赛、社团活动等与理论教习相结合，结合学校的特色制订各种训练计划。在进行专业理论的教学时可以穿插相关的实践课程，让学习者在理论的学习和实践的运用中掌握知识，积累实践经验，从而为国家培育理论基础扎实、实践经验丰富的新型人才，满足企业发展的需求。

（三）建立新型管理运营体制，推进实践教习的进步

在双创能力培育的大环境下高等院校应积极响应国家号召建立新型的管理运营体制，推动实践教学的顺利开展。高等院校的实践教学可由院系牵头，以各个专业院系为单位进行实践管控，每个院系都应按照该系的实际情况制定管控运营的相关策略。管控方案确立之后，各院系均应照此执行。当前很多高等院校在学习内容的设置上不够灵活，多以该学科的教学计划为准。在一定程度上限制了学生的创造力、想象力和个性化的发展，也影响了创新能力的培育。因此，高等院校在建立和完善新型的实践教学管控机制的基础上还应当充分发挥弹性学分制的效用，鼓励学生选修与自己专业相关的、自身感兴趣的科目，使得其获得学分的渠道更加灵活、多元，从而促进其学习的积极性，同时最大限度地促进其创新能力的发展。

综上所述，教学者能够通过变革教习方式，对知识进行全面的分析和讲解，帮助学习者提高其自身的实践技能和创新创业能力。高等院校通过建立实践训练基地，鼓励大学生进行创业，同时建立相配套的管理运营制度，就能够推进实践教学活动的有效进行。

第二节　基于创新创业导向的高校实践教学体系

实践教学是激发学生创业潜能的前提，也是使创新能力得到有效提升的关键。因此，构建富含创新创业性的高校实践教学体系，是实现对学生创新、创业能力培养的必要举措，也是实现高校实践教学体系可持续发展的最佳途径。

一、建设高校实践教学体系的必要性

高校实践教学体系其实就是指高等学校通过对多个社会载体的利用，实现对校内外资源的全面运用，并有效提升学生实践创新创业能力的机制体系。要实现我国新时期的新创业，大学生的创新创业能力相当重要，对当代高校的实践教学体系进行全面完善，是提升大学生创新创业能力的关键。在我国社会飞速发展的背景影响下，社会的可持续发展战略要求当代大学生在做到对教学原理、理论掌握的同时，还得具备解决实践问题的能力和创新创业能力。建设高校实践教学体系，是学生的综合素质、实

践能力以及创新创业能力得到全面培养的重要保障。建设高校实践教学体系的必要性主要呈现在以下几个方面：

（一）实现与海外高等学校的抗衡

在经济全球化的影响下，海外高校对我国优质人才的竞争导致我国高校教育形成倒逼式改革的现状，以此来增强对人才的竞争能力。建立实践教学体系，能有效推进实践教学的展开，确保学校准确了解到社会对人才的需求定位，并从中发现教学体系以及教育方式中存在的不足，从而制订针对性的改善方案，使教育发展方向满足社会对人才的需求。

（二）实现高校对创新创业人才的培养

实践教学体系的建设能够有效实现高校对创新创业人才的培养，对高品质、复合型人才的培养是当代高校的重点教学目标。在教学体系中，传统的课堂教学是对学生进行思想道德教育和基本知识教学的第一平台，网上在线课程是拓展学生知识的第二平台。而实践教学是使学生将理论与实际运用相互结合，从真正意义上实现"学以致用"的第三平台。由此可见，要想实现对创新创业人才的培养，高校必须不断完善以上三个教学平台，只有在人才培养的过程中全面融入实践教学，才能使创新创业人才的培养工作得到全方位的展开。

（三）保证高校实现可持续发展

目前，国内外高等学校间的竞争已达到了白热化的阶段。因此，大学生的就业率直接影响着各大高校的发展。实践教学体系的建设，能够对学生的综合能力素质进行强化培养，为学生提供更多社会实践平台，能够为学生的就业和创业带来更多的机会。

二、高校实践教学体系中存在的问题

建设实践教学体系是一个极具复杂的过程，需要高校在和社会企业达成合作的同时，还要保证二者之间的配合度和协调度。在现阶段实践教学体系的建设过程中，存在着许多影响实践体系完善的问题，主要体现在以下几个方面：

（一）高校实践教学体系缺乏开放性

要全面实现高校实践教学体系，必须加强对思想教育的重视，并针对实际建设需求，建立相关的完整配套体系。在现阶段高校实践教学体系建设过程中，教学体系"学校本位"的情况严重，这种情况导致高校实践教学体系缺乏开放性。比如，在实训基地建设工作进行时，为实现学校指定的教学目标，学校通过利用与实践相关单位的合作关系，使学生能够顺利完成在实践单位中的任务。根据实习基地建设过程具有程式化的特点，高校各个专业的教学部门应该根据学生的专业需求来选择合适的实践基地，并和相关实践单位取得联系。在对所有主客观影响因素加以考虑后，和实践单位达成合作意识，并签订合作协议。在协议规定的有效期限内，学校安排学生前往实践基地完成相关的学业任务。无论从哪个方面来看，实践基地都具有单一性和程式化的特点。也就是说，学校的教育教学目标与实践单位的实习或顶岗实习目标是难以实现完全一致的。从学校和教师的角度来看，高校对教学体系的改革，并没有从真正意义上实现实践单位和学生的利益所求，反而在很大程度上影响了实践教学的效果。在创新创业的时代背景下，高校中"关起门来办学"的情况严重缺乏开放性，这样的情况与当代社会发展所提倡的实践理念相对立。

（二）高校实践教学体系缺乏创新性

目前，高校实践教学的主要活动是围绕大学生实训竞赛和实践创新项目来展开的，这种模式距离满足学生和社会的需求还有着一定的差距。在高校实践活动开展的过程中，不同专业之间的活动开展难易程度均不同，实践教学活动的展开形式也各有不同。比如会计、计算机等热门专业，能在更大程度上满足社会对专业人才的需求。因此，这些专业的使用价值性更强，更容易与社会和市场相互融合，并能在短时间内产生经济效益，在实现社会效用的同时，为提升大学生就业率奠定良好的基础。在实践教学体系建设过程中，必须针对不同的专业开展创新工作。当前许多高校教师依旧围绕课堂教学展开实践活动。因此，在高校实践教学体系的建立过程中，教师的积极性和创新性还有着很大的上升空间。实践教学体系的建设工作不仅需要创新理念的引导，还需要在科学政策的支持下，充分调动体系中各个方面的积极性，并针对不同的专业特点全面创新实践教学体系。

（三）高校实践教学体系缺乏协调性

目前，我国高校实践教学体系还是以实习制度为重点，将教学规范改革和实践竞赛用作辅助教育。多数高校在社会实践制度上的安排，通常是将大一作为社会实践认知阶段，大二、大三为专业见习阶段，大四为岗位实践阶段。在社会经济飞快发展的环境下，导致社会的流动程度不断提高，对学生的实践活动造成了诸多方面的影响，从而使学校对学生的实践活动情况难以实现有效监控。实习制度中存在的缺陷导致高校对学生实习过程的监控不能全面展开，使教学质量的提高和学生就业创业的目标难以得到实现，这些情况导致实践教学体系的协调性不足。由此可见，现阶段高校实践教学体系的建设工作急需进行科学规划和合理改善，以此提高实践教学体系的协调性。

三、基于创新创业导向的高校实践教学体系发展

为增强发展新动力和打造经济新引擎，党中央和国务院提出"大众创业、万众创新"的创新驱动发展战略。因此，高校只有不断创新实践教学体系，才能满足时代对人才

的需求。

（一）建立以双赢为目标的实训合作机构

目前，在高校实习基地的建设过程中存在着合作双方契合点不准确的情况，从而导致合作关系得不到深入化的发展。在实习基地进行的人才培育工作，应根据与学生专业相符合的单位对人才的需求来开展，以此来达到实践目标和教学质量的双赢。在对学生进行创新创业能力培训的过程中，学校的教师和教育部门必须共同努力，为人才培养工作打造良好的教学环境。与此同时，还应该加强与校外企业的合作，通过与实践单位的合作交流，增强学生对社会业界的了解，从而提升其创新创业能力，使实践教学体系的创新工作得到有力的推进。比如，学校可以邀请合作企业机构中的资深人士定期到学校进行交流，以此促进双方的深度合作。

（二）构建多方主体参与的实践教学体系机制

现阶段，高校实践教学体系的主要教育模式是以实习制度为重点，对学生的专业性及创新创业能力的教育力度远远不够，导致实践教学体系的发挥效果在一定程度上受到制约。要想改善这种现象，需要重点注意以下几个方面：

1. 构建多方主体参与的实践教学体系机制

构建多方主体参与的实践教学体系机制，能够使学生的创新创业能力和素质培养得到全面提高。高校在注重教学部门和就业部门对学生实习就业方面的作用发挥时，也应该充分发挥团委和院系等多个部门在学生实践教学过程中的效用。从而使各类资源得到有效整合，在形成规模效应的同时，建立起具有层次化的实践教学体系。根据教育部《全国普通高等学校毕业生就业创业工作的通知》中的规定：自 2016 年起所有高等学校都要设置关于创新创业的教育课程，并将其纳入学分的管理中。由此可见，该政策的颁布，为高校实现创新创业人才的培养和建设实践教学体系的工作提供了政策上的保障。

2. 教师群体在实践教学体系中的作用发挥

只有确保教师群体在学生实践教学过程中的作用发挥，加强鼓励教师将实践教学内容与课堂教学内容相融合，才能使传统的教学模式得到创新。但教师群体参与到实践教学体系的创新工作中，需要得到高校提供相关的机制保障。

3. 鼓励学生开展创新创业活动

在高校实践教学体系建设中，应鼓励学生开展创新创业活动，并构建创新创业的学分累计以及学分转换制度，将学生在创新创业活动中的实践任务和报告论文的完成度转换到学分记载中。比如浙江省在全省高校中建立创业学院，将学生在创新创业过程中的所有表现归入学分管理中，并从日常的课堂建设、学分积累等多方面对学生创业提供大力支持。

（三）加强对高校创新创业的保障

地方教育部门和政府的支持对我国高校实践教学体系的可持续发展起着至关重要的作用，具体效用通过以下四点呈现：①对地方创新创业的品牌塑造带来了有力的支持，从而实现创新创业常态化；②使高校对创新创业人才的培养能力得到有效提高，并在一定程度上增加了实践教学体系的开放性；③大力推进高校对创业园的建设，并为高校教师团队和学生在创业园的登记注册提供了优惠政策；④全面发挥全国性创新创业赛事在学生实践教学中的效用。

总而言之，以创新创业为导向是促进我国高校实践教学体系发展的最佳有效途径。随着我国高等教育事业的不断发展，各高校必须做到教育创新化，全面实施人才制度改革，实现对人才的全面培养。同时，要确保学校内外部分之间公共关系协调，提倡开放式教学，从而有效加强社会和学校之间的互动性。只有将高校中师生员工的智慧集中于一体，才能有效实现发展共享，使高校实践教学体系在满足人民和社会要求的前提下不断发展。

第三节 基于"双创"人才培养的高校实践教学体系

李克强总理在 2014 年 9 月夏季达沃斯论坛上提出要在 960 万平方公里的土地上掀起"大众创业""草根创业"的浪潮，从而形成"人人创新"的新形势。之后，2015 年李克强总理在《政府工作报告》中明确提出"大众创业、万众创新"的新概念。高校大学生作为大众创业、万众创新的主要年轻力量，国家也出台了一些政策，鼓励、激励大学生积极主动创业。

面对现在国家的新形势大学生创业就业，培养"双创"人才已经成为高校的重要使命。因此，高校应顺应时代的发展，在课程设置上做改革，尤其是就业指导和实践指导课程。在课堂教学和课程设置中，应加强理论课程和实践教学的相结合，增加在校大学生的实践机会，提高大学生的创新创业能力。

一、高校培养"双创"人才的意义

在创新活动中最积极、最活跃的因素便是人才，所以我国能否实现创新驱动发展，关键在于能否培养出具有科学知识与创新创业能力的复合型人才。高校在推动大众创业、万众创新中应发挥其重要的引领支撑作用，以人才培养、科技创新为目标发挥高校的育人功能。当前，培养"双创"人才已成为高校的重要使命，其重要意义主要体现在以下几方面：

（一）有利于高等教育改革的发展

高等教育改革的重要内容之一是辨识能力培养。传统的高等教育人才培养常常割裂了与市场需求之间的联系，学生毕业后很难适应工作岗位的要求，毕业即失业成为很多学生面临的困境。高校可以以"大众创业、万众创新"为契机，着力培养创新创业人才，对现有人才培养方案进行改革，以适应市场需要与时代发展。

（二）有利于应用型人才的质量提升

培养应用型人才，关键在于培养学生的动手实践能力，加大实践教学的力度。这种实践教学应该作为一个独立的体系而存在，而不是作为理论教学的补充。高校培养"双创"人才，就是要在人才培养过程中实现实践教学与理论教学的逐渐融合，共同致力于开阔学生视野、提高学生实践能力、增强学生就业竞争力以及提升学生的综合素质。

（三）有利于高校形成自己的办学特色

对于缺乏专业特色的高校，可以把培养创新创业人才作为学校发展的突破口。改革传统的教学模式和课程体系，加大实践教学的力度，增加创新思维等通识课教育，积极探索创业型大学的办学特色。对于那些具备行业特色的高校，可以在发展行业特色的同时，将创新创业理念融入其中，使办学特色更加鲜明，更加与时俱进。

二、基于"双创"人才培养的高校实践教学体系的现状

自 2007 年 12 月教育部要求把大学生职业发展与就业指导课程纳入教学计划以来，就有很多高校开设了就业指导课程，还把就业指导课程设成了公共必修课，有的学校根据本校特点，做了个性化的设置和改进，建立了实践教学体系。但是还是有一部分高校，没有把该门课程重视起来，在实施过程中存在诸多问题。

当前，我国高校的实践教学体系在"双创"人才培养方面存在的诸多不足，主要表现在以下四个方面：

第一，我国高校尤其是一些地方高校缺乏对创新创业教育的正确认知，在实践教学体系中无法把大学生的专业教育与创新创业能力培养紧密结合起来，难以取得理想的实践教学效果。同时，一些高校的教师教学理念较为传统，重视对课本理论知识的学习而忽视实践教学，教学内容只是简单重复教材缺乏新意。传统教学理念的弊端阻碍了大学生创新创业能力的培养以及高校实践教学体系的构建。

第二，我国高校实践教学普遍存在形式单一的问题，教学缺乏一定的针对性。高校构建实践教学体系，推进大学生创新创业项目发展的目的就在于提升大学生的实践能力与实用技能，然而很多高校没有明确的实践教学目标，缺乏对实践教学的科学规划与整合，使得专业实践与理论教学之间产生断层，无法实现有效的联结，浪费实践

教学资源，更谈不上对学生创新创业能力的培养。

第三，教师实践能力不足，传统高校老师大多数从高校出来，缺乏社会工作经验，国际知名创业型大学很多教师来自各企业高管。有些本身就是成功的创业者，有很强的实战经验，相比之下我们的高校限于体制等原因，创新创业教育导师队伍人数、能力都严重不足。

第四，我国高校普遍缺乏大学生实践的平台，对大学生创新创业的帮扶措施不够完善。培养"双创"人才，促进大学生创新创业项目的发展，这些都与传统的理论教学不同，它对专业的师资、完善的实践场地等硬件条件有更高的要求，现有的高校实践场地环境与社会实际情况差距较大。高校在积极改善现有实践场地的同时，还要积极扩大校企合作，加强与知名企业、行业协会和政府机构的合作，丰富学生的实践资源。

三、基于"双创"人才培养的高校实践教学体系构建

（一）明确实践教学的目标

实践教学体系的发展需要实践教学目标的指引，只有明确实践教学的目标，才能保持实践教学体系正确的发展方向。所以，实践教学目标要紧紧围绕社会需求、专业特点以及人才培养目标，保证教学目标的正确性与科学性。要知道，实践教育的最终目的就是培养"双创"人才，所以实践教学计划的制订与完善要与学生"双创"精神的培养紧密结合。另外，高校实践教学要按照一定的层次性、阶段性进行。首先让学生接触一些实践场所，体会知识学习对实践的重要意义，激发学生对专业知识学习的热情。然后让已经具备一定专业知识的学生进行实践，在实践中检验知识、应用知识。最后可以给学生布置创新创业实践任务，在具体任务中发现自己的不足并提高学生的"双创"能力。在明确的实践教学目标指导下，有层次、有阶段地对学生进行实践指导，可以有效提升大学生在今后工作中的竞争力。

（二）高校实践教学体系课程的设置

根据高校大学生的特点和学习、生活的环境，可以增加创业实践课程，可以采用理论与实践、讲授与训练相结合的方式。教学的课程可以采用理论课程讲授、案例教学、小组互动讨论、职场人或优秀毕业生专题讲座、参观和实践以及创业比赛等方法。尤其是参观和实践，可以根据每个专业和学科的特点，设置有针对性的实践项目，让学生有切身的感受，身体力行才能达到事半功倍的效果。适当地设置就业创业实践的比赛，考核采用理论和实践相结合的方式，提高学生学习的兴趣，从而提高实践的效果。

另外，也可以适当地开设一些企业家精神、讲演与沟通以及团队拓展等选修课，学生可以根据自己的兴趣和喜好来学习。通过这些选修课的学习，提高学生的文化素养和综合素质，从而提高学生的创新创业能力。

（三）以高校科技园充实实践教学体系

高校科技园在"双创"人才培养中发挥着重要作用，有利于充实、完善高校实践教学体系。其重要作用具体表现在以下方面：

首先，高校科技园可以为高校"双创"人才培养提供实践平台与实践环境。创新创业教育是理论与实践相结合的教育，而且对创业教育的实践也就是实际创业的开始，其教育成果即为创业成果。当前的创业实践教育大都是通过模拟实践环境来进行的，比如"挑战杯"大赛，但是它不具备高校科技园真实的商业环境。而且，高校科技园受到了政府、高校等多方面的支持，园中企业的运行成本较低。高校在支持学生创新创业方面，可以根据高校科技园中的科研优势及优惠政策选择具有发展前景的项目，降低学生创业的风险。其次，高校科技园可以将校内与校外两种创新创业教育模式整合起来。当前高校创新创业教育模式主要包括校内免费教育及校外培训，但是由于教育性质以及管理部门的不同，两种教育模式彼此孤立，没有交集，资源配置容易重复浪费，无法达到预期的教育效果，而高校科技园很好地解决了这一问题。最后，大学生在创新创业初期普遍面对着运营成本高、融资困难的局面，如果该问题可以得到妥善解决，那么将极大地提高大学生创新创业的成功率。高校科技园由于得到政府的相关优惠政策支持，在融资、税负等方面具有一定的优势。所以，大学生创新创业如果可以与高校科技园实现整合，利用科技园内的场地以及科技园享有的政策、资金支持对大学生创新创业进行扶持的话，将会得到更加积极的效果。

（四）以严格的考核评价机制保障实践教学体系

高校的实践教学要以教学目标为依据进行严格考核，建立严格的考核评价机制。一个合理、严格的考核评价方式不但可以对学生的学习效果进行准确的检验，还可以引导教师的教育理念以及学生学习的积极性。高校实践教学体系的构建与完善必须具备合理、严格的考核评价机制。学生成绩的考核与评价可以采用多角度、有侧重的综合考量，把学生的考试成绩、平时成绩和实践成绩全都纳入考量范围。这种考核评价方式有效地避免了学生为应付考试突击学习的情况，提高学生对实践课程与理论学习的重视程度。在考核形式与内容方面，除了传统的试卷考试外，还可以采用调查报告、实验报告和现场操作等方式对学生动手解决问题的能力以及思考问题的能力进行考核。学校还可以通过举办创新设计大赛、实践技能比赛等，对优秀的学生进行奖励并将成绩按照一定比例纳入总成绩中，丰富考核形式，巩固学生的实践技能。总之，一个合理、严格的考核评价机制可以有效促进高校实践教学的发展，完善实践教学的效果。

第四节 "产教融合，校企合作"下高校实践教学体系

在高等院校建设过程中，实践教学是现代社会发展对其教学活动提出的最新要求。

因此，相关院校需要深入探索实践教学体系，强化校企合作，全面推广产教融合，为了进一步明确高等院校如何更为高效地建设实践教学体系，特此进行本次教学研究。

一、强化政府引导

在我国现阶段，国家政府部门已经针对校企合作出台了相关政策，地方政府需要针对当地经济发展的具体情况，科学构建相关政策措施，确保能够使政府部门充分发挥组织指导协调作用。利用相关政策文件，对高等院校和行业企业进行有效的制约，进行激励机制的科学构建，确保高校和企业可以积极参与校企合作。与此同时，如果企业能够积极参与校企合作，强化产教融合，则需要给予一定的财政补贴，减免相应税收，同时还需要授予相关荣誉。与此同时，对积极参与产教融合取得良好效果的高校，还需要进行有效的表彰，科学设立建设项目，给予必要的财政支持。

二、改进教学规划

在具体落实实践教学实验室试剂相对重要的一个场地，实验指导教师是确保有效落实实践教学工作的重要主体，而管理制度是保证有序开展实践教学的重要保障。为了确保更加高效地实施实践教学，学校需要和相关企业进行有效合作，确保能够科学改进教学规划。首先需要对实验室科学制定整体规划，综合考虑校企合作与产教融合，针对学科门类企业需求和专业特点进行实训中心和实验室的合理规划，同时还需要在校外进行实习实训基地科学建设。其次，需要科学制订校企业对接计划和产教融合计划，针对专业特点走访相关企业和行业协会，确保能够有效落实企业入校，进行特色班的合理开设。最后还需要对齐实践教学体系，制定详细的建设规划，高等院校需要与行业协会以及相关企业共同决定教学方法、教学内容、教学目的及评价方式，深入探索最新教学模式，确保能够对其实践教学体系进行科学完善。

三、构建合作平台

在进行校企合作的推广时，需要对学校和高效的盈利点进行准确的把握，高等院校通过和相关企业合作，能够为学生提供丰富的实训设备、实训师资和实践场地。确保学生在学习过程中，能够获得更为丰富的技术经验，同时还可以有效推进学校专业发展，对其人才培养方案进行科学完善，为学生未来就业创造良好条件。而企业通过和高等院校进行有效合作，确保能够为其相关岗位输送更为丰富的现代新型人才。同时，高等院校还可以对企业员工进行有效的培训，确保为企业发展具有更大的智力支持。因此，如果想要使高等院校和企业实现合作共赢，需要针对二者具体需求，科学制定合作制度体系，确保能够使高校教学与企业实践更为有效地合作，进而提升实践教学效果。首先，高校和企业需要在产教融合中合理构建组织机构，在企业与高校日常经营管理中进行取消合作部门的科学构建，同时还需要设置决策人员，确保能够对产教融合进行有效的决策。与此同时，还需要科学制定各项规章制度和相关决策机制。对其治理机构进行科学完善，严格遵循相关法律规范，确保能够有效保障双方权益。其次，二者需要有效合作，进行应用型专业的合理设置，高等院校需要进行人才需求调研，同时还需要和行业专家针对相关专业进行申报论证，科学制定教学方案，确保能够对其人才培养模式进行合理更新，设置企业定向班。最后还需要进行合作课程的合理开发，同时编写合作教材，确保能够实现教学实训基地的合理构建。

四、开展竞赛活动

在开展教学实践活动时，有效融合学科竞赛活动。在实践培训计划中，合理融入学科竞赛机制，组建一支具有较高专业素质的教师队伍，研讨学生跨学科组队，参与各类技能大赛和创新创业大赛，确保能够实现学生创业意识和创新精神的有效提升。与此同时，高等院校还需要不断加大科研力度，通过有效落实产教融合和相关企业进行有效的合作，针对科研项目构建研究室，针对市场需求开展科研活动，确保能够造福社会，同时还可以对高校实力进行有效的巩固提升。

五、提升教师素质

首先需要强化实践教师的责任意识和教学能力，高等院校需要科学构建实践师资团队，确保其稳定性，进行具有人才的科学培养，合理优化办学理念，科学制定相关政策，对教师进行有效的使命教育和师德教育。同时还需要对青年教师进行有效的实验技能培训，确保能够合理优化师资队伍。其次，需要进行双师型人才的科学培养，针对双师行教师科学制定培养政策，鼓励高校教师积极参与企业生产，确保能够实现其实践技能和专业技术的有效提升。最后，还需要进行实践教学团队的科学构建，由校外技术专家和校内教师共同进行实践教学，针对校企合作探索新的教学模式，合理应用国家相关政策进行校企合作模式的合理构建，确保企业能够共同参与学生培养的过程，进而保障学校在教学活动中具有明确的方向，使其人才培养能够高度满足现代社会发展需求。

总之，在现代高校建设过程中，需要通过强化政府引导，改进教学规划，构建合作平台，开展竞赛活动，提升教师素质，能够确保合理构建实践教学体系。使其教育工作实现校企合作，进而推进产教融合，强化整体教学效果，实现学生专业素质的全面提升，使其高度适应现代行业发展需求。

第七章 以培养创新能力为导向的地方高校实践教学体系培养

第一节 高校创新创业能力培养的立体化实践教学体系

2016 年，高校毕业生一共有 765 万人，再创历史新高，这部分群体的就业问题已经成为当前社会关注的重点问题。对于如此严峻的就业形势，大学生创新创业能力的培养就显得尤为重要。国内外很多教育工作者和学生对其进行了深入研究，并且获得了很多可喜的成绩，并且带有启发性的成果。培养学生的创新创业能力首先是由斯坦福大学的特曼教授提出的，他认为产业界与学术界需要结合合作伙伴，并且推动了这一构想的进一步发展，培养出很多具备创新创业能力的学生，从而推动了地区发展。我国创新创业教育主要开始于 2002 年，当时确定了 9 所高校作为试点，以大学平台为依托，建设创业实践孵化基地，鼓励大学生积极创业，在培养创业人才的同时也缓解了就业的压力。

一、高校创新创业教育现状

当前，高校都在积极地寻求途径，试图将创新创业能力教育纳入学校日常教育工作中，主要包括了选修课、必修课以及协会的形式，积极地锻炼本校学生创业能力。与此同时，很多社会机构也开设了一些创新创业课程。通过多年的摸索，我国很多地区的创新创业教育具备了初步的规模。但是，我们也应该清醒地认识到，现在创新创业教育还有很多亟待完善的地方，比如将教育目标局限在操作和技能层面，学生创新创业精神、职业能力和能力培养依然没有归入实践教学体系中进行管理。这就造成了很多高校专业教育和创新创业教育脱节，学生不能将创新创业能力真正用于实际的生活中。

这几年以来，尽管高校对创新创业教育非常重视，可是依然没有取得实质性的成绩。高校学生的实践教学体系更多的是通过对人才培养计划进行修订，设置相应的实践教学课程，加强学生实践内容来实现的。从实践内容上来看依然是采用实训、试验等教学环节提升动手能力。这主要来自高校的错误认识，事实上，培养创新创业能力需要贯穿在大学教育始终，只有在高校的实践教学体系当中加入创新创业能力的培养，才能真正提升学生的创新创业能力。

二、影响学生创新创业能力的主要因素

（一）学生自身因素

大学生自身因素包含了意志力、自信心以及知识储备等方面，独立性也就是不依靠外界帮助，自主行动与思考的能力。对于创业者来说，渴望独立以及做自己的领导被看作基本心理诉求。大学生只有具备这些方面的素质，同时掌握了创新创业理论知识，才可能在未来得到更好的发展。因此，学生需要努力提升自己的综合素质，增强心理承受能力、提升自信心和掌握相关的专业知识，然后才能在创新创业的道路上一往无前。

（二）学校因素

高校需要注重培养学生专业知识。在学生提升自己综合素质的同时，还需要掌握相应的专业知识，基础性教育与专业化教育是通往成功道路的阶梯。专业知识主要是指学校要注重培养学生的计算机使用能力、英语专业能力以及某一领域的专业知识。高校专业课程的开展能够为学生传授各种专业技能与技术方法，使得大学生的创业能够从未知到已知，并逐渐发展为全面了解。高校需要积极地营造出鼓励学生创新创业的氛围，在校园文化加入创新创业文化。

（三）社会因素

社会因素不仅包括了政策因素、家庭因素，同时还包括了社会的认可。家庭因素主要是指家庭成员中是否有创业经历，父母对学生创业所持的态度等。政策因素指的是国家对于大学生创业是否有相应的政策扶持。社会认可因素指的是社会对创业的认可度。

三、高校创新创业教育体系存在的问题

（一）体系不够完善

目前我国很多高校的创新创业培养体系都不健全，很多学校将政治课程也归入创新创业教育当中，还有的学校把该教育归入职业生涯规划当中。大多数学校都没有构建相对应的教育体系。教学的内容过于陈旧，主要是传授知识，教学方法则主要采用课堂教授，安排实习的时间普遍不够，学校里实践课程不足，缺少多元化实践教育平台，无法充分调动学生的积极性。

（二）与专业教学脱节

高校创新创业培训的目的是培养学生创新创业的能力、意识和精神，最终能够在实践当中得以体现。学生培养创新创业能力，本身就是一个漫长的过程，要从入学之初就开始，一直延续到学生毕业。当前，很多院校没有将创新创业教育、专业教学整合，而是将创新创业教育脱离于专业教育以外，将理论教育脱离于实践教育之外，不仅浪费了教学资源，同时还降低了教学效果。

（三）师资力量不足

当前，许多高校都存在师资不足的情况，造成了无法开设创新创业教育课程，即便有的学校开设了这门课程，师资水平也不够高。很多教师都是通过自学来掌握相关理论知识，自己没有企业工作的实践经验，缺少经营管理以及创业方面的经历。因此，在教学过程中很难将理论和实践联系到一起，这对培养学生创业能力是不利的。从师资结构上来看，创业教育的教学工作通常都是由行政部门教师或者是班主任来开展的，这部分教师因为欠缺实际创业经验，所以很难传授给学生有价值的知识。

（四）忽视实践教学

学校对创业课程的教授主要是在课堂上，注重理论知识的讲解，忽视了实践教学，同时也忽视了对学生创新能力所进行的培养。学校定期举办的各种创业大赛，更多的是局限于形式，真正能够落实创业计划的高校非常少。同时，创业教育缺少实习基地，不能培养学生多层次的创业实践能力。尽管有的高校现在已经构建了创业孵化园，可是很多学校缺少实训与实习场地以及资金，不能满足学生对创业的要求。

四、高校学生创新创业能力培养的立体化实践教学体系构建

（一）以学校课外活动为依托

学校要积极组织形式多样的创新创业活动，比如讨论沙龙、专题讲座和学科竞赛等，借此在高校中形成争相创新创业的良好氛围，将创新创业发展为一种教育体系。与此同时，学校还要定期召开创业比赛，开展立项式的创业活动，学生在导师指导下对项目进行规划与实施。鼓励参与其中的学生多发表研究成果，并积极地申请国家专利。这种学校、教师和学生共同参与的创业项目可以更加系统地培育学生在校期间的创新创业精神。

（二）以专业需要为导向

不能将创新创业教育停留在思想教育阶段，需要针对不同的专业，开设形式各样的课程，从而保证创业教育的实用性。创新课程内容需要以学科为导向，注重与学科内容之间的结合，针对学科特征及时更改教育内容，最终形成理论和实践、专业与发

展相融合的实践教学体系。同时还需要针对课程的特征，邀请一些享誉国内的专家学者、创业精英来为学生召开讲座，并将此类讲座系统化，将其融入学生平时的专业课学习当中，逐渐丰富学生的专业知识储备，使学生的创业更加具有目标性。

（三）以基地建设为方向

培养学生创新创业能力已经不能单纯依靠知识的讲解，还需要结合实践活动，将理论和实践结合在一起，从而进一步提升学生的实践能力以及创新能力。实践教学体系的构建，需要加强实验室以及实训基地的建设，加强不同专业实践教学经验共享，从而提升学生的创业能力。在此基础上，创新创业能力主要依靠实践活动，因此要加大基地的建设力度，不仅包括了校内实训基地，还包括了校外实习基地。对于校内实训基地来说，要改善实训环境、教学内容和功能建设等方面，构建学生理论与实践结合的桥梁。对于校外实习基地来说，需要采用校企结合的方式，增强学生创新和创业意识。最终将二者紧密地结合在一起，提升学生的创新能力与实践能力。

（四）以教学体系为保障

学生实践能力的提升需要有相应的理论做支撑，为了确保实践教学工作顺利开展，需要从学校的制度方面加以保障。同时完善对实践教学质量的监控，首先需要将实践教学的质量检查作为一种制度延续下去，同时让教学监督组能够深入实验室与实训基地中，对学生实践活动进行评估。此外，还需要采用物质与精神奖励来深入调动教育工作者的积极性，从而从制度上提升实践课程的质量，提高学生创新与创业能力。

党的十八大报告中指出，到 2020 年要将我国建设成为创新型国家。创新型国家的建设需要高校培养出大批的创新创业人才，因此，当前高校创新创业教育的好坏已经成为衡量高校建设水平的重要标志。高校创新创业教师要将专业教育作为标准，围绕着实践教育展开，高校只有从本质上认识到创新创业能够对社会以及学生的重要作用，并且构建学生创新创业实践体系，才能将理论和实践相结合，从而培养出对国家建设有用的青年人才。

第二节　高校创新创业实践教学评价体系

培养创新创业人才是当前我国的重要发展战略，也是提升我国综合实力的重要途径之一。在大众创业、万众创新的背景下，近年来应用型本科高校开始对创新创业人才培养予以自发性的研究与探索，并取得了一定的成绩。然而，尽管从局部角度去看部分应用型本科高校在创新创业人才培养方面取得了显著的成果，但由于我国应用型本科高校开展创新创业教育人才培养的起步较晚，因而在创新创业实践教学评价体系方面仍然存在较多的问题与不足。本节即是以应用型本科高校创新创业人才实践教学评价体系为研究重点，探讨应用型本科创新创业实践教学评价体系的构建。

一、应用型本科高校创新创业实践教学的内涵

应用型本科教育是我国高等教育进入大众化阶段应运而生的高等教育类型。与传统高校相比，应用型本科院校突破了学术型定位的束缚，同时也与普通的高等职业技术教育有着明显的不同。譬如，从培养人才视角来看，应用型本科更能满足当代社会经济的多样化需求。在教学课程方面，应用型本科更注重教学内容与社会生产的紧密结合，强调教学方法的多样性，将理论知识教学与实践知识教学放在同等重要的地位。从专业安排角度去讲，应用型本科的专业安排更为贴近现实生活所需，且灵活性较强。因此，应用型本科院校在培养学生创新创业实践意识与能力方面更具优势。

应用型本科高校把创新创业教育与人才培养体系深度融合，并把创新创业实践贯穿于人才培养全过程。除了课堂教学以外，课后还以各类竞技比赛的方式开展创新创业实践教学，如依托全国互联网＋大赛、全国软件专业人才设计大赛、全国大学生数学建模、课程设计以及区内、校内开展的各类技能竞赛等。在创新创业实践教学中，创新实践教学侧重于对大学生人生整体发展的综合性规划，强调大学生的创新意识培养和发掘。但创业实践教学则注重大学生自我价值发挥与实现的整体性规划，强调对大学生实践技能的培养。应用型本科创新创业实践教学主要以培养兼具创新素质与创业技能的人才为核心目标，以培养大学生的创新思维、创业思想、创业精神与能力等为主的一种教学活动，并依据不同阶段不同层次对大学生的创新意识与创业素养进行锻炼的高等教育形式。

二、应用型本科高创新创业实践教学评价体系的现状

（一）认识不到位，评价体系有待完善

由于应用型本科高校开展创新创业教育还处于初级阶段，创新创业教育课程体系还在实践和探索之中，对实践教学的评价缺乏正确的认识，未能根据应用型人才培养的特点制定相应的评价体系，而是延用传统教育理论课程评价模式对学生的创新创业实践效果进行评价。评价过程极不规范，缺少客观性，随意性大，存在绝对的片面性，缺乏相应的监控制度和体系。

（二）评价方式单一，缺乏有效性

目前应用型本科院校对学生创新创业的实践效果评价多是采用期中测验、期末考试的方式来评价，且考核形式往往以纸笔试为主。在考核方法上把学生的考勤、实验

报告和毕业论文（设计）作为考核的主要依据，而学生参加各种社会实践、各类技能竞赛、论文发表和科技发明等在创新创业的实践效果评价中没得到充分体现，忽视了学生的创新能力、思维能力和创新意识等方面的考核。这种单一评价方式不利于学生创新创业能力的培养，也影响到学生参加互联网＋大赛和各类技能大赛等各种创新创业实践活动的主动性和积极性。

（三）评价主体单一，缺乏客观性

当前对学生创新创业教育实践效果评价主要由学校的教学管理者和教师控制，教师掌握绝对主动权，学生仅作为评价客体处于消极的被评价地位，没有参与评价自己实际表现的机会。学生的自主和能动意识受到很大限制，自尊心和自信心时时受到挫伤，学生的主体地位也就无法体现。

（四）创新创业教育与实践教学的关系未能凸显

应用型本科更注重学生创新创业能力的培养，实践教学更加紧密联系产、学、研和创新创业等不同领域。因此，学生的创新创业实践需要走进社会、走进企业、走进生活，在贴近工作现实的环境中进行学习体验。但目前的创新创业实践效果评价未能凸显实践教学与实际生活的关联性，如实践项目与所学专业的吻合程度，实践内容与科学研究、生产、创新创业的结合程度，实践教学与社会服务的关系等。

三、应用型本科高校创新创业实践教学评价体系的构建

（一）构建完善的创新创业实践教学评价体系

通过构建完善的创新创业实践教学评价体系，推进应用型本科高校创新创业教学模式、课程设置和人才培养方式的改革，促进立体化、多层次的应用型本科创新创业实践教学评价体系的建立。具体可从以下几点着手：一是对创新创业教育课程进行评价，将这些课程在实际教学过程中对学生的主体性地位尊重、教师的主导性功能发挥等予以科学评价，并通过评价引导大学生的创新意识与个性发展的习惯养成，激发大学生的创业激情，鼓励课堂教学与网络教学的有机结合；二是对创新创业教材进行评价，将国际创新创业实践教学最新经验、院校特色凸显、教学内容的实践性等内容作为重要的评价指标，以此引导创新创业教材的不断完善；三是对创新创业教学质量进行评价，将应用型本科院校制定的创业创新指导机制、跟踪方案等作为重要参考标准，对其创新创业教学的整体质量进行评价，从而促使应用型本科院校不断更新自身的创新创业实践教学评价体制。

（二）评价主体多元化

创新创业教育是应用型本科院校人才培养的重要内容，其实践效果考核评价的主

体应该多元化，即考核评价主体由原来单纯的教育行政部门转变为学校管理者、教师和学生，以及"校企合作"中的企业专家。根据他们之间的相互关系形成多元化的评价，如自我评价、互相评价、教师评价和企业专家评价。评价主体的多元化：一是从多个方面、多个角度出发对学生的创新创业教育活动进行更全面、更客观、更科学的评价；二是由原先的评价对象成为评价主体的教师和学生，在进行评价的过程中，也不再处于过去单纯的被动状态，而是处于一种主动的积极参与状态，充分体现了他们在创新创业教育实践评价活动中的主体地位。这十分有利于教师、学生不断地对自己的创新创业实践活动进行反思，进行自我调控、自我完善，从而不断提高学生的自主创新创业能力。

（三）评价内容多样化

把单一的课堂评价变为全方位的评价。围绕课内课外创新创业教育的内容，在创新创业实践平台建设的基础上进行多样化评价，如毕业设计、岗位实习实践、数学建模大赛、互联网＋大赛、创新创业设计大赛、创新创业沙盘和专利发明等。既要对学生掌握知识和技能进行评价，又要对学生情感态度价值观进行评价；既要对学生课堂学习参与状态与习惯养成进行评价，又要对教学过程中涉及的教学资源进行评价；既要有结果评价，又要有过程评价。

（四）强化对创新创业实践基地的评价体系建设

实践基地是培养创新创业人才的重要场所，也是强化大学生创新意识与创业能力的主要载体或平台。因此，将创新创业实践基地建设纳入实践教学评价体系中，对实践基地的建设质量、建设规模等定期进行评价，调动校企合作的动力，不断拓宽应用型本科院校创新创业实践教学的空间，努力为大学生提供充足且多样化的创新创业实践平台，实现校内理论知识学习与校外实践知识的共同提高。

综上所述，构建与应用型本科高校发展相适应的创新创业实践教学评价体系，是应用型本科高校实现创新创业人才培养目标的重要保障。加强应用型本科高校创新创业实践教学评价的研究，不仅可以突破我国传统高等教育的瓶颈，而且还可以促使学生的创造性、能动性以及主动性得到保证，有效解决高等教育中长期存在的"高分低能"问题。同时，应用型本科高校创新创业实践教学评价体系的改革，将有助于通过创业实现就业，高质高效地解决当前大学生面临严峻的"就业难"问题，缓解大学生的就业压力，强化人才培养与社会所需的衔接程度。

第三节 高校财务管理创新能力的实践教学体系

面对新一轮全球科技与产业变革的重大机遇和挑战，为应对我国经济发展新常态下的趋势变化和特点，中国政府做出了加快实施创新驱动发展战略的重大决策，而人才是创新的根基和核心要素。高校作为培养人才的主战场，理应不断深化创新创业教育改革，配合国家百年发展大计，强调要树立先进的创新创业教育理念，面向所有学生按类别施教、强化实践，促进学生全面发展，提升人力资本素质。

财务管理作为高校的热门专业，毕业生数量居高不下，就业压力甚大。从云计算、机器人到分析、人工智能和自动化等一系列数字化因素在改变财务管理业务实现方式的同时，也对财务管理中的一些规律性工作造成冲击，加剧了就业压力。实践教学作为本科教学体系的重要组成部分，是培养学生职业素养和未来发展能力的重要途径，是实现本科教育应用型人才培养目标的关键。因此，机遇与压力并存使得财务管理实践教学体系的重新整合成为必然。

一、财务管理实践教学中存在的问题分析

（一）实践教学案例和教材脱离实际

财务管理与会计专业的学习内容有很多共性的地方，因此在实际工作和生活中，很多人对两者混淆不清。财务管理、会计专业实习接收单位本就不多，而且财务管理工作偏重于对经济事项的预测与计划、分析与控制等，要求熟谙实习单位的内外部环境，学生实习确实有一定难度，因此即使到实习单位也是从事会计核算工作。为了提高学生的财务管理实践能力，教师应该在教学中给学生引入大量案例进行分析。但是直接来源于实际工作的实践教学案例编写不足甚至比较滞后，比如照搬国外案例或仍停留在企业本身的供产销环节的资金流转。

（二）缺少具有丰富实践经验的指导教师

虽然重视实践教学的理念和口号来源已久，但主观上由于高校在职称评审和人员待遇等政策方面的倾斜，使得目前高校财务管理专业的教师大部分研究方向都是财务会计理论和科学研究，愿意花心思在实践教学研究上的少之又少。客观上，高校的很多教师都是从高校直接到高校任职，没有财务管理实务工作经验。

（三）实习基地流于形式

高校迫于评估等各种检查形式的需要，也在会计咨询公司、会计师事务所和各类

企事业单位设立实习基地，但没有或少有实质性的合作，主要原因在于企业与高校没有找到共赢的合作模式。财务信息涉及诸多商业机密，企业对学生毫无约束力，这使得企业只是因为人情关系设立实习基地，但不愿意真正接收财务管理专业学生实习。

（四）实践教学考核形式单一

目前，高校对实践教学的考核，不管是课内实验还是综合实训等，考核成绩主要依据实验报告的完成质量或实验项目的完成结果，过于注重结果，主要原因在于教师受精力的影响，短时间内掌控全班同学的实践过程确有一定难度。这就导致部分同学实验实训过程走马观花，最后在同学的协助下完成实验报告或实验项目，没有在实验实训过程中达到锻炼创新创业思维的目的。

二、基于创新创业能力的财务管理专业实践教学体系的构建

基于当下高校财务管理专业实践教学中存在的问题，拟从教学目标、教学环境、教学内容、教学评价与考核以及教学师资方面进行行改革，以提高学生创新创业能力为目的，重构实践教学体系。

（一）以"厚基础、善实践、能创新、高素质"重构实践教学目标

财务管理专业应培养精通财务管理各项基本理论和方法，并能根据纷繁复杂的内外部经济环境熟练加以运用的经营管理人才。因此，既要在掌握充分的理论知识基础上进行财务管理实践教学，提高学生的实战能力，又要发挥实践教学对理论教学的强化作用，使学生的财务管理理论知识得以升华。在这一过程中应顺应全球化发展趋势和国家发展战略，注重对学生创业创新能力的培养，全方位提高财务管理专业学生的素质。

（二）以"校内实践为主，校外实践为辅"重构实践教学环境

财务管理的主要工作内容与筹资、投资、日常营运、利润分配的预测、决策、计划、控制和分析有关，这就决定了实习单位既不愿意也不可能给学生提供对口的实习内容。所以财务管理专业实践教学环境应以校内为主、校外为辅。

在校内，高校应通过课堂案例教学、校内专业实验室建设和专业软件配套、虚拟仿真实训中心等提供实践教学环境。在课堂案例教学中，所选择的案例一定要与时俱进，随着国家宏观经济政策与市场环境的变化而变化。同时也应改变过去总结成功经验或失败教训式的案例教学模式，注重选择便于将学生分组使之站在不同利益相关者角度会得出不同财务决策结果的案例，以此来锻炼学生基于创新创业思维的实践能力。

在校外，除通过常规实习基地进行实践教学外，还可通过校企联盟进行学校、企业的深度合作。首先，企业通过提供实习，观察学生表现，获得优质员工，减少磨合期，

降低用人成本。其次，在双方互动过程中，使教师掌握最新的业界变化，获得第一手的教学案例，丰富教学经验。最后，通过邀请校企联盟的管理层进校园，可以树立企业良好的品牌效应，最终实现共赢。

（三）以"基础、专业、综合、拓展"四个层次重构实践教学内容

笔者所在院校财务管理专业应根据实践教学目标的要求，重构教学内容，优化教学体系。基础层次主要包括职业生源规划、专业认知实习以及大学生创新创业基础知识培训等，旨在厚实学生的专业基础知识，使学生熟悉专业实践基础知识，为基于创新创业思维的实践能力培养做准备。专业层次的实践教学使学生通过课内案例分析、课程设计、学年论文和项目实践等强化财务管理专业实践技能。综合层次的实践教学通过包括企业运营管理模拟实训平台、会计岗位模拟实训平台、财务管理岗位模拟实训平台和跨专业综合实训平台在内的四个虚拟实训平台进行项目式综合仿真实习、大学生实践创新创业训练以及社会实践等对学生所学的分项知识进行整合，培养学生解决实际复杂问题的能力。拓展层次的实践教学主要通过毕业实习、毕业论文、学科竞赛和创新创业大赛等，使学生将创新创业思维与大学四年所学专业知识进行融合。

（四）以"线上＋线下"方式重构实践教学评价与考核

将混合式教学改革引入实践教学中，充分利用网络教学平台，将过程性考核落到实处。将考勤、实习日志的填写、阶段性任务的发布与完成、问题的讨论以及团队合作表现评定等交给网络，由于其匿名性与时效性等特点，可以收到较好的考核效果。这样可以极大地提高学生参与实践教学的积极性，在一定程度上消除由于师生比不合理而造成的教师对实践教学过程掌控失衡的局面。

（五）以"双素质型"标准重构实践教学师资要求

财务管理属于应用学科，教师的实践经历与能力都是教学准备的重要条件。目前，各高校为了提高实践教学水平或者为了迎合教育机构的评估检查，鼓励教师成为"双师型"教师。但众所周知，"双师型"教师有两种：一种是"双职称型"，即教师在获得教师系列职称外还需要取得另一职称；另一种是"双素质型"，即教师既要具备理论教学的素质，也应具备实践教学的素质。高校所指的"双师型"教师就是指"双职称型"教师。对于从事多年理论教学的教师而言，考取教师系列职称以外的另一与专业相关的职称可谓易如反掌，但是这并不代表取得"双职称型"认证的教师就具有较丰富的实践教学经验和较强的实践教学能力。所以对于"双师型"教师的认证，还要综合考虑"双素质型"认证，通过与对应的企业合作，提供有针对性的师资培训和认证，并通过定期举办教师竞赛，提高实践教学的兴趣和热情。

第四节　以创新能力培养为目标的高校实践教学体系

随着全国普通高校毕业生人数的不断增多，就业率的不断降低已成为各个高校面临的突出问题，然而高校毕业生面临就业难题的同时，用人单位也面临用人难的困境。从这种用人与就业双向选择困难的局面可以看出，我国现阶段普通高校人才培养机制培养出来的毕业生与用人单位人才需求存在一定偏差。缺乏创新能力和实践动手能力，已经成为当下毕业生存在的普遍现象。为了改变这种供需要求不对等的矛盾现象，高等教育尝试构建面向创新创业能力培养的实践教学体系已经势在必行。根据当下我国人才需求，国内高校开始积极地改进实践教学培养环节，投入更多人力物力改善实践教学条件，加强校内实验室建设，重视校外实习基地的设立。实践教学环节的改革为我们培养新型人才提供了有力的保障，为实现引导学生创新精神，提高实践能力的目标打造了平台。但是，目前我们的实践教学体系改革仍处于探索阶段，在改革的过程中或多或少地存在一些问题。首先对高校实践教学体系还应给予充分、普遍的重视。目前相当一部分高校已经认识到了实践教学改革的重要性，然而还有一部分高校对实践教学改革的重视程度不够。由于传统教学模式毕竟沿用多年，以理论知识传授为主、实践为辅的教学方式较为普遍。这种传统的培养方式虽然已经不适应现在市场经济引导下的人才需求，但是观念的扭转需要过程。有些高校虽然已经发现自己所培养的人才与社会需求脱节，但在实际的改革行动上仍推进缓慢。所以必须充分提高思想认识，高度关注实践教学的重要性，尽快地转变认识，在培养学生创新创业能力的过程中树立实践教学的核心地位。有效地利用实践教学去巩固、运用理论知识，既加深了对理论知识的理解又锻炼了学生的实际操作能力，学生还可以通过实践过程中所遇到的实际问题来检验自己理论学习的效果，增强自身解决问题的能力，从而也起到对创新能力的引导作用。其次，目前高校实践教学改革缺乏系统规划。目前大部分高校认识到了实践教学的重要性，加大了实践环节在教学中所占的比重，加开实验、实习类课程的数量以及课时量。但是具体实践教学环节有没有整体规划？实践教学课程之间是否具有承接关系，能否做到课程之间的相互促进？这是值得我们思考的。虽然每门实践课程可能都相对独立地由不同教师组织进行，但是必须建立起系统化整体化的实践教学体系，使实践教学中的每个环节既能起到对课程学习目标的实现，又能对后续课程起到引导铺垫的作用，使各个实践教学环节之间紧密联系，达到对学生整体实践能力的提升。最后，在加强重视性的基础上加强保障措施。加大实践教学力度不仅是要改革课程的设置，更重要的是要打造实践教学平台，这就需要投入大量人力物力进行建设。增开校内实践教学需要投入更多的师资力量进行实践教学中的引导，需要投入大量资金进行实验室的建设，需要加强校外实践基地的创建，以便给学生更多机会去接轨社会，这些都离不开学校的保障措施。实践性师资力量的培养、硬件设施的建设、对口的实训基地或校企结合都不是短期能够配备完成的，需要进行长期的投入。如果没有学校有力的保障措施，实施效果就会受到影响。

一、实践教学体系构建的基本原则

（一）注重协调实践学习和理论学习之间的关系

如何将理论教学和实践教学合理地有机结合以达到更好的培养目的？这就需要合理地构建实践教学体系，综合考虑实践教学和理论教学之间的承接关系，根据具体课程的不同需求，设置行之有效的教学模式。我们必须综合看待实践教学的整个学习过程，寻找知识点之间的关联性和层次性。在综合实践教学体系的安排上，需要合理把握，以全局化综合化的眼光将实践课程穿插于理论学习中。理论教学和实践教学都是一个从简单到复杂的学习过程，在这一点上两者的学习方法是相同的，可以先进行阶段性的理论学习，然后紧接着加入实践教学，在实践教学中检验理论知识的学习成果。这一部分的理论知识，只是整个完整实践过程中的一小部分，要进行后续实践操作就需要下一阶段理论知识的支撑，学生在未获得下阶段理论知识的情况下先进性自主的思考和摸索，这个过程可以相对地提高学生主动解决问题、思考问题的能力。带着在实践过程中产生的疑问和自己摸索的实践方法进入第二阶段的理论学习，学习效率将大大提高，对知识点的理解也将更加牢固。以这种综合式的学习方式进行循序渐进的学习无疑极大地调动了学生对理论知识学习的积极性，也加强了实践动手能力的培养，从而达到预期的教学目的。通过一次次反复练习、实践，也可以检验实践教学体系是否完善，在此基础上不断修正，使之更加适应专业人才培养的需求。并且在实践教学体系整体构建时还需明确每一阶段的目标和相应的学习任务，正对知识要点进行层次分明、层层递进的方式组合，只有这样才能构建出体系合理、结构目标明确和具有针对性的实践教学体系。

（二）注重创新创业能力的培养

我国传统教育理念与西方教育方式存在着很大的不同，我国传统教育方式更侧重理论学习和应试教育，而西方教育更注重学生实践能力和主动学习思考寻找问题答案。在这种长期不同教育方式的积累下，我们培养出的人才存在创新能力、创业能力不足的现状。创新能力的匮乏影响到了我国自主技术研发的进度，创业能力不足使就业压力越来越大，这些都是亟待解决的重要问题。那么如何才能解决这些问题，这很大程度上依赖于实践教学体制的改革，我们必须转变以往学生被动等待、接受老师直接传授的知识点的学习习惯，老师可以在讲授之前先提出问题，让学生自主学习，从理论知识走入真正的实践应用中去探索、去主动思考然后综合分析问题，得出结论，答案也许是唯一的，但途径和方法也许有很多。在这种教学方式的转变中，着力培养学生自主思考问题的能力和意识，只有先养成了独立自主思考问题的能力，再加上教师从旁引导和实践中获得的启示，才能培养学生的创新能力，具备了创新能力，才具备了创业的基础。

二、以创新能力培养为目标的实践教学体系构架

（一）理论实践相结合

理论课学习是实践的基础，但是不能因此而侧重理论课程教学，甚至在教授的过程中不自觉地将理论课和实践教学割裂开来。理论教学虽然重要，但总归是为实践服务的，理论学习的成果也需要到实践教学中去巩固和验证。所以实践教学体系的改革必须能够将理论教学与实践教学相结合、理论教学与实训课程相结合，使校内学习阶段所设置的理论教学、实验教学和实训教学有机结合并相互依托，起到将理论知识向实践能力转化的推动作用，从而完善实践教学环节。

（二）实践课程与校外实习相结合

在完成实践教学体系的校内学习部分后，学生对所学知识具有了初步的运用能力后，还需走上工作岗位，真正了解企业对人才的需求，这就需要通过实践教学体系中实习部分的学习来完成实践体验。我们现有的教学模式往往存在对校外实习基地建设不足或运用不合理的问题，从而引发实践教学资源不足的问题。不仅如此，由于校内校外的实践教学环节无法做到紧密衔接，导致学生在校外的见习或者实习活动变成了走过场，带来了人才培养与行业企业需求对接不准的问题。综合化实践教学体系强调与用人单位紧密结合，共享资源和成果的办学理念，积极探索与行业企业之间的深度合作，发挥校企优势资源，建立校企合作的协同培养机制，通过校内校外相结合，完善实践育人的平台。

（三）系统化综合构建

传统的教学模式注重于理论知识的传输，着重使学生了解所学知识点的基本概念和原理，在掌握理论基础的前提下进行实践训练，但是在实际教学中往往会遇到困难。一方面大量理论课教学占据大部分课时，积压了实践课在教学中的比重。另一方面，理论科教学方式较为单一枯燥，时间一长，学生极易产生疲劳感，处于知识的被动接收方，这都不利于理论知识的掌握。而课时被压缩的实践教学部分则往往流于形式，无法很好地起到实训的作用。其实，实践教学和理论教学两者之间并不矛盾，而是相辅相成的关系。首先我们应该意识到理论教学虽然是实践教学的基础，但增强学

生的实践能力、动手能力和自行解决问题的能力才是高校应用型人才培养的最终目标，而这些能力的习得，相当大的程度需要依靠实践教学体系。在我们的教学中完全可以将理论教学和实践教学穿插起来进行，先进行一部分基础理论教学，然后紧跟着穿插相关知识点的实践教学，使学生能够在实践中运用理论知识进行操作，既能巩固理论知识的学习加深对知识点的理解，又可以在实践过程中发现自身理论学习中的不足和问题，回过头来带着问题主动地去学习相关理论知识，这样能够达到事半功倍的效果。而且培养学生实践动手的能力并非一蹴而就，必须通过大量的实践训练才能达到相应的效果。所以实践教学和理论教学系统化综合构建，才能建立合理的教学体系，加大实践教学的力度，才能培养出社会需求的应用型人才。

三、研究意义

大学生就业难题已成为当下社会发展的突出问题，虽然就业困难是由多方面原因造成的，但学生本身缺乏实践能力是造成这一矛盾的主要原因。高校传统的人才培养模式所培养的学生与社会需求人才之间存在偏差，以理论教学为主的教学模式使得在校大学生缺乏实践锻炼的机会或是实践课程量不足，实践操作不够深入熟练，导致学生走上社会后无法适应工作岗位的工作需求，校园学习内容与工作岗位要求脱节，无法解决工作中的实际问题。而当今社会发展需要的是有较强动手能力、自主解决问题能力的应用型人才。高校培养模式应该以用人单位需求为基本目标，着力培养具有创新创业能力的高素质人才，应积极调整自身教学体系，促进人才培养的逐步转型，以适应社会的需求，从而解决大学生就业难题。

第八章 以培养创新能力为导向
的地方高校实践教学体系建设策略

第一节 基于创新创业能力导向的高校思想政治
实践教学体系

创新创业能力是我国现代教育的最新改革目标。要在提高创新创业能力的基础上进一步推进大学生的思想政治道德素养，提升全面的素质水平，在这之中，高校思想政治教育面临着许多新的问题，迫切需要进行对大学生思想政治教育的教程改革和创新，本节基于这两个方面进行全面的分析，从中探索新的改革路径，从而有效地对高校思想政治教育水平进行大幅度的提升，来促进我国高校的教育事业稳步发展。

一、大学生应具备创新创业能力

如今大学生不重视创新创业实践，是由于在大学课堂上教师带给大学生的教育是专业能力极其重要，课本的学习比社会活动更加重要，因此导致大学生往往忽略了创业能力对以后人生发展具有重要意义。因此应该加强大学生的创新创业能力培养，增强创新意识，积极参加社会活动来提高自身创业素质，为自己创业能力带来新的理念。基于以上结论，应该选择合适的创业实践方向，结合自身的兴趣爱好和能力优势，选择与创新创业能力相关方向的社会活动，深入了解其中的理论知识，结合自身来形成新的创新理念，以此为将来的创业发展拓展道路奠定良好的基础。

二、当前基于创新创业能力导向的高校思想政治教育面临的问题

（一）高校思想政治教育过于落后

高校的思想政治教育是在马克思主义、邓小平理论的基础上进行思想政治教育的课程。使大学生形成符合社会要求的道德品格，其中主要包括人文教育和职业道德教育，但高校在具体实施思想政治教育课程时往往跟不上新时代的要求，落后于现代社会的发展路程，缺乏时代性，与大学生自身成长和创新创业能力没有契合度，存在着现实与教育思想脱轨的问题。由于高校对大学生的关注热点不了解，因此导致大学生创业实践没有思想政治的支持，使高校思想政治教育成为空谈，只注重于理论教育，未在实质上对大学生产生具体指导意义。

（二）高校思想政治教育教学方法简单

高校对于思想政治教育的方法单一陈旧，未考虑到大学生具有个人思想，过分强调思想政治教育者的权威，要求大学生完全服从，按照传统的教学模式对大学生进行思想政治教育，仅向大学生传授思想政治的理念，缺乏实际性的教学方式，很难做到创新创业能力与思想政治的融合。这种单一的教学方法磨灭了大学生的学习主动性和创新能力，致使大学生思想政治素质差，不能进行创新创业，导致我国自主创业者减少，产生人才缺失的不良后果。

三、以创新创业能力为导向进行对高校思想政治教育的改革

（一）确立高校思想政治教育的新目标

在新时代的背景下，高校对思想政治教育的目标要进行创新改革，以培养全能人才为目标，以此来要求高校对于思想政治教育要满足对大学生创新创业能力水平提升的要求。帮助大学生树立正确的价值观，从理性的角度挑选适合的行业进行自主创业，从中要形成坚毅的品质和接受挫折的良好心态，以增强社会责任感，实现创业的自由全面发展。

（二）拓展思想政治教育新内容

在知识经济不断发展的背景下，原有的思想政治教育内容不够具体，因此要不断充实和积累全新具有时代特性的内容，对大学生进行思想政治教育，因为创业成为时代发展的新要求。因此要求高校对大学生着重进行思想政治教育的创业精神培养，但高校未曾做到这一要求，导致大学生不能适应激烈的社会创业竞争。因此要加强对大学生进行创业能力的思想政治教育，以此促进大学生的快速成长，这些就应是思想政

治在新时代背景下需要拓展的思想政治教育新内容。

（三）完善在创新创业能力下的思想政治教育的实践教学

思想政治教育的实践教学是政治理论的延伸、拓展和补充，要进一步丰富理论教学内容，让大学生通过参加思想政治教育的实践活动，更加了解社会的发展前景，把所学的理论知识与社会相结合，从中感悟到新的创新意识。因此，在创业能力下的思想政治教育实践教学大大提高了大学生的创新能力水平，从而推动了大学生的思想政治教育。

综上所述，高校要在创新创业能力的基础上对思想政治教育进行改革，就要确立新的思想政治教育目标，拓展教育内容，完善实践教学，增强大学生的主体意识，激发大学生自主创业的欲望，以此来实现大学生对创新创业能力下思想政治教育认知的提高，从而促进我国自主创业的蓬勃发展。

第二节　基于创新创业能力培养的高校管理类专业实践教学体系

2015 年李克强总理在政府工作报告中提出："大众创业，万众创新。"具体阐述：推动大众创业、万众创新，"既可以扩大就业、增加居民收入，又有利于促进社会纵向流动和公平正义"。在谈及创业理念与创新文化时，强调"让人们在创造财富的过程中，更好地实现精神追求和自身价值"。李克强总理提出"大众创业、万众创新"，以立竿见影的改革措施，简政放权为市场主体释放更大的创新与创业空间，让国人在努力创造物质财富的同时实现精神追求，这一直是本届政府努力的方向。高等教育作为高等专业人才培养的专业途径在贯彻落实《国务院关于大力推进大众创业万众创新若干政策措施的意见》有关精神中，坚持培养具有创新意识与创业能力的专业人才。民办高校作为民办高等教育的有生力量，始终将培养具有创新创业能力的专业人才作为人才培养的标准。

一、创新创业教育

创新创业教育作为我国高等教育近年来在理论和实践方面的双热点，源于美国，之后广泛传播于各国。国际教育会议（1989）将职业教育、创业教育与专业教育称为21 世纪教育的三张通行证。创新创业教育教育理念提出以培养具有开拓精神、创新意识和创业能力的开创型，并具个性的高级专业人才为培养目标，将教育、研究和商业训练结合起来，通过模拟演练、探讨研究，培养学生的创新创业意识、创业能力以及心理品质，为从事企业活动、商业活动和求职就业做准备。经过近三十年的研究与实践，创新创业教育体系与创新创业教育理念完全深入西方教育系统当中，并得以深入发展，得到广泛的推广，形成较完整、规范的创新创业教育框架。

二、专业教育与创新创业教育的关联性

专业教育与创新创业教育是不可分割的，二者相互补充、相互联系、相辅相成。首先，专业教育与创新创业教育的目标是一致的。创新创业教育是高等教育的重要模式，专业教育同样是高等教育的重要组成部分，二者追求的教育总目标均是培养为经济建设服务，适应社会需求的高等专业人才。其次，专业教育可以理解为创新创业教育的土壤。创新创业多是依托专业领域展开的，需要有扎实的专业基础支撑，优质的专业教育为日后的创新创业奠定坚实的基础。最后，创新创业教育是对专业教育的升华。通过创新创业教育，一方面培养学生的创业素质与创新意识；另一方面引导学生有效地将理论与实际联系起来，将所学知识运用到实践中，引出学生对专业学习的渴望，进一步激发学生学习专业课程的兴趣，促进专业教育。实际上，创新创业教育是一种贯穿于整个专业教学过程中的，能够启迪学生思想智慧、发展学生个性品质、培育学生创新创业精神、促进学生全面协调发展和锻炼学生多种能力的教育。

三、当前民办高校管理类专业实践教学中存在的问题及形成原因

因为我国仍处于社会主义发展的初级阶段，从经济发展到社会发展与发达国家相比仍存在一定差距。创新创业教育初步形成，教育水平有待提高，知识产权质量需要提升。感性和经验相比实验应用得更多。这些都是制约民办高校管理类专业创新创业教育发展的因素。在创新创业教育中，部分民办高校管理类专业教学将创新创业教育与已有的专业优势资源进行整合，但应尽量避免取得一定成效后即停滞不前，不能进一步探索与深化研究。在创新创业教育实施过程中，对教育成果的鉴定与评价也存在一定的争议。多数民办高校将管理类专业大学生的创新创业作品当作创新创业教育的成果予以鉴定，这种做法，也不够全面。较少采用"活动课程"适用与双创教育经验和行动。教师按照书本、课堂和讲授的方式，注重知识传授，却忽视了学生实践技能的训练，情境教学的方式较少采用。学生缺乏创新的自主性，只知道做什么，但思考为什么做，遇到变故怎样处理，导致在一些学生的创业实际中，出现应变能力不高的情况。学校与企业之间的联系有待提高。由于创新创业教育的成果多为隐性化且具有延时性，也给专业教育评价增加了难度。

四、基于创新创业能力培养的民办高校管理类专业实践教学改革对策

（一）构建多阶段、多维度立体化的实践教学体系

民办高校管理类专业应构建一点、一线、三阶段和三维度的立体的民办高校管理类专业实践教学体系。一点是以培养应用型专业人才为目标；一线是以创新创业能力的培养为主线；三阶段是指基础实践阶段、专业实践阶段与综合实践阶段；三维度指实践教学方式、实践教学内容与创新创业实践能力发展。通过改革实践，探索"双创型"人才培养的模式。

创新创业实践能力发展是管理类专业立体化实践教学目标的基本出发点与发展要求，也是管理类专业学生创业与职业能力发展的重要条件。学生在不同的专业实践阶段对创新创业能力的需求有所不同。第一，在初始学习阶段，主要通过在校内实验课程的教学，培养学生的基础专业技能，为后续的实践教学任务的开展做充分的准备。第二，在实践实训阶段，通过完成具体的专项实践操作内容，培养学生的专业操作技能，同时也作为创业技能，进一步提升专业实践水平。第三，在综合专业实践阶段，通过与企业协同合作或定向培养的方式，训练培养学生基于一定创新创业素养的专业实践能力。第四，在成熟的专业实践阶段，通过专业实习的途径培养学生具备较高创新创业综合素质和高等的专业实践技能，最终成为具备创新创业能力的高等专业人才。

实践教学内容是管理类专业立体化实践教学体系的核心内容与重要结构。实践教学内容包括管理类专业实验教学、实践教学以及专业实习等多阶段的实践教学活动。校内专业实验教学活动是管理类专业实践教学的前提，通过校内专业实验课程，重点训练学生的基本专业技能。实践教学是通过校内与校外的实践教学内容与教学活动，培养学生对专业技能的综合应用能力。专业实习是实践教学环节的最终，是管理类专业学生创业与就业的依托，是推动双创能力培养目标实现的重要环节。学生在专业实习过程中，进一步提升创新与创业的能力，使学生成为具备较高职业素养和职业综合能力的高级管理类专业人才。

实践教学方式是指在管理类专业立体式实践教学体系中，开展专业实践教学的具体途径与形式。民办高校管理类专业立体化实践教学体系的构建主要通过校内实验、校外实践以及校企协同合作等方式，不断深入、层层递进，从而建立、完善民办高校管理类专业多阶段、多维度立体化实践教学内容。

（二）构建多样的管理类专业实践教学模式

针对当前民办高校管理类专业毕业生就业困难的情况，建议构建一系列专业实践教学模式，促进教学效果的提升，达成较高的实践教学目标。具体为案例教学模式、

情境教学模式、模拟实验模式和社会实践模式。这四种实践教学模式相互联系、相互补充、相辅相成。其中案例教学模式主要通过实践教师或者从事实践教学的行业专家或资深从业者剖析真实案例，鼓励学生参与分享、讨论与研究，实践教师与学生有效互动，及时点评，加深学生对专业实务的领悟。情境教学模式主要应用在实验课程教学中，通过设定情境，设计实验内容，运用一定的教学手段达到巩固实践技能的目的。模拟实验模式需要在专业实验室进行教学，安排真实的实验背景，模拟企业实务情况，由学生按照实际操作流程与实验要求自主操作，训练学生的实操能力。社会实践模式主要是依托企业实践资源，安排学生进入企业实习或者学生自主实习，完成与实际工作岗位的零对接，是一种综合性的实践。

（三）组建"双师型"的实践师资队伍

"双师型"的实践教师不仅需要具备必要的理论知识，同时还需要具备基于一定创新创业能力的实践操作技能。民办高校要开展实践教学活动，就需要组建"双师型"的教师队伍。建设"双师型"实践教师队伍，一方面可以鼓励校内担任实践教学的老师在不影响常规教学任务的情况下参加社会实践活动，承担企业兼职工作；另一方面学校在招聘承担实践教学的教师时，可以将其实践方面的经验作为招聘条件，直接聘用符合"双师型"条件的实践教师，也可以聘请企业当中技术水平较高的行业从业者到学校承担实践教学工作。民办高校也可以组建一支"双师型"实践教学师资力量，对外承担工商与税务咨询、审计、代理记账等相关业务。一方面解决教师参与专业实践的问题，提高教师的额外收入；另一方面为学生寻找合适的实习机会，以提供服务为要求建立实践基地，缓解民办高校管理类专业实践教学经费不足的尴尬。由此可见，组建"双师型"实践教师队伍，不仅可以高效地完成实践教学的内容，同时也可以反哺于民办高校建设。

（四）加大实践教学投资力度

实践教学的完成需要配备符合条件的软件与硬件设备，设施装备不到位，无法有效开展实践教学活动，也就无法达到实践教学的目的。当前民办高校管理类专业实践教学的水平与企业需求的能力要求差距甚远，因此需要加大建设实践教学设施的力度。一方面及时购买、更新实践教学用专业软件，另一方面购置、装备模拟实验室所需要的硬件设施。同时在实践指导教师的培养方面加大投入，安排校内教师参加专业实践与创新创业方面的培训与深造，邀请行业专家与资深从业者定期对专业教师进行实践能力方面的训练与指导，增加实践教学的保障力量。

（五）在教学考核体系中囊括实践教学

在教学考核体系中囊括实践教学是指将学生在学校就读期间参与的各种形式的专业实践活动与实践内容囊括到教学大纲中，及时、连贯地对各次专业实践教学内容进行评价与考核，并有效、及时地反馈考评结果。这样可以提高实践教学考评与管理的科学性，监督、激励教师履行实践教学职责，督促学生参与专业实践活动，确保学生具备相应的创新创业实践操作能力。

总之，培养学生创业意识、创新精神和创新创业能力，是民办高校实践教学改革探索的目标，是缓解当前就业矛盾的重要手段。构建基于双创能力培养的民办高校管理类专业实践教学体系，以期促进民办高校管理类专业人才培养机制的转变，努力探索培养高等管理类专业人才的新途径。

第三节　基于创新创业能力导向的高校跨境电商实践教学体系

跨境电子商务是指不同国家和地区间的企业或个人通过电子商务平台达成交易、进行支付结算，并通过跨境物流送达商品、完成进出口交易的国际贸易活动。近年来，受世界经济复苏乏力的影响，我国对外贸易呈现低迷态势。相比之下，跨境电子商务则呈现出蓬勃的发展态势。中国电子商务研究中心发布的《2015—2016年中国出口跨境电子商务发展报告》显示，2015年中国跨境电商交易规模为5.4万亿元，同比增长28.6%。作为"互联网＋外贸"的模式创新，跨境电子商务已成为中国对外贸易的新动力因素。随着市场环境和支撑体系的不断完善，跨境电子商务以其新理念、新模式将成为促进中国对外贸易发展的新引擎。跨境电子商务行业的迅猛发展带来了对跨境电子商务人才的巨大需求，然而目前我国高校的人才培养模式与跨境电子商务企业对人才的能力需求之间出现错位，导致一方面国际贸易等专业的毕业生找不到对口的工作，另一方面跨境电子商务企业招聘不到急需的人才。要破解这一困局，需要提升高校毕业生的创新创业能力，高校也需要加快实践教学体系建设和改革，探索出适应跨境电子商务行业发展需要的人才培养模式。

一、跨境电子商务发展给高校人才培养带来新挑战

不同于传统行业，跨境电子商务的全产业链特点对人才的复合型提出了更高要求。跨境电子商务所需的人才和传统国际贸易、英语、电子商务人才等不同，不仅需要通晓电子商务专业知识，熟悉企业电子商务运营和管理，能够从事电子商务系统设计、电子商务解决方案策划、网络营销、国际物流、跨境支付和跨国管理，而且需要良好的外语沟通水平，具备国内外产品行业背景和国际贸易实务知识，熟悉消费者所在国

家的文化、习俗、消费喜好、思维方式和法律等。相较于传统贸易，跨境电子商务产品类目多、更新速度快、具有海量商品信息库、个性化广告推送和口碑聚集消费需求，企业可以通过在线调研及沟通获得大量的产品和消费者个人数据，并综合运用网站优化策略、差异化服务策略、关系营销策略和搜寻引擎营销策略开展全方位的售前、售中、售后服务。这要求从业者具有很强的实际操作能力、广域的专业知识以及开阔的视野。而目前高校现有的专业几乎没有与跨境电商企业所需的复合型人才完全相匹配的培养体系，复合型人才短缺已成为制约跨境电子商务行业可持续发展的瓶颈。据《中国跨境电商人才研究报告》的数据，受访的跨境电商企业普遍认为跨境电商人才存在严重缺口（85.9%），即使能够招到人，也不能按要求完成工作任务（82.4%）。

目前，跨境电商领域从业人员主要是国际贸易、电子商务、外语以及国际商务专业毕业生。全国有 700 多所高校设有国际贸易专业，超千所本专科院校开设电子商务专业，高校每年向社会输送的国际贸易专业和电子商务专业的毕业生数量相当可观。然而，兼具国际贸易和电子商务特征的跨境电子商务企业对人才的综合性需求较强，高校现有的单一专业培养模式已无法满足企业对人才的需求。《中国跨境电商人才研究报告》的调查显示，企业普遍认为高校毕业生与企业的实际要求存在较大差距，有89.1% 的受访企业认为高校毕业生解决问题的能力不强，有 53.0% 的受访企业认为高校毕业生专业知识不扎实，有 51.3% 的受访企业认为高校毕业生知识面窄，有 49.7%的企业认为高校毕业生视野不够宽。这迫使高校面对跨境电子商务企业迅猛增长的人才需求，反思现有的人才培养模式，如何进行改革和创新，以适应社会需求。在为跨境电子商务企业提供适用人才的同时，也为国际贸易和电子商务专业的高校毕业提供更多的就业机会。

实际上，早在 2015 年 5 月 4 日，国务院办公厅就印发了《关于深化高等学校创新创业教育改革的实施意见》，提出要改革教学方法和考核方式，强化创新创业实践。面对跨境电子商务的大发展，国际贸易和电子商务专业需要在实施创新创业教育改革的过程中，在现有课程体系中嵌入跨境电子商务实践教学体系，通过实践教学体系建设，让学生熟悉跨境电子商务的业务流程，有针对性地开展学习，拓宽学生的视野和知识面，提高学生的创新创业能力。

二、高校跨境电商实践教学体系的发展现状

作为提升高校人才培养质量的重要环节和主要突破口，实践教学是培育学生创新创业精神、培养实践动手能力和保证人才培养质量的关键。自 2012 年教育部《关于进一步加强高校实践育人工作的若干意见》发布实施以来，各高校在推动实践教学发展实践中进行了有益的探索。

　　实践教学的开展需要在专业教学之外为学生搭建培养实践动手能力的平台。校企合作成为高校强化实践教学环节、推动深化教育教学改革和缩小高校人才培养与社会需求差距的关键一环。以福州大学为例，该校启动"预就业"过程，把专业教学、社会实践、实习、毕业论文和就业紧密结合起来，通过与企业之间交叉进行、联合培养，突出了知识、实践和研究"三位一体"的教育特色，并先后与联想集团等众多国内国际知名企业形成"预就业人才培养模式""创业助力工程"和"预创业人才培养模式"。除了"走出去"，让学生更多地参与社会实践之外，高校还积极"引进来"，将课堂教学转化为实践教学。实务精英进课堂就是浙江工商大学课堂教学改革的一次尝试。该校各专业每学期安排两次实务精英进课堂活动，课程类别包括专业核心课、专业选修课。进课堂的实务精英是经验丰富的企业高管，结合各自行业对人才的需求及岗位实际，把实务前沿知识嵌入课堂教学。

　　作为新兴业态，跨境电子商务企业对复合型专业人才的需求给高校实践教学提出了更高要求。国际贸易、电子商务等专业主动出击，谋求与跨境电商企业的校企合作。以湖北大学为例，该校一方面参与阿里巴巴速卖通的鑫校园项目，在培训学生的基础上，向江浙等沿海地区输送跨境电商人才。另一方面与望茂科技发展有限公司合作，向武汉当地输送跨境电商人才。

　　虽然部分高校已经走在实践教学改革的前列，并开展了多样化的探索，然而在跨境电子商务发展的大背景下，高校实践教学与跨境电商企业的人才需求之间仍然存在较大差距。

　　首先，实践教学方法比较单一。目前许多普通高等院校的实践教学基本上还是作为专业教学的补充，实践教学环节停留在实验、教学实习、毕业实习、课程设计和毕业设计等几方面。即使部分高校与跨境电商企业建立了校企合作，大多数也停留在赴企业参观或邀请企业高管到高校开设讲座。这些实践教学环节虽然也能让学生开阔视野，增加对跨境电商行业的了解，但学生和企业的实际业务流程接触不上，缺乏实际操作的培训，与跨境电商企业所期望的应用型人才仍有较大距离。其次，实践教学的场地与经费不足。为提升教学效果，开展实践教学需要专门的场地，并且需要购置跨境电商实践教学所需的电脑及相关设备，这些都需要一定的资金。近年来各高校虽然不断加大对实践教学的经费投入，但与跨境电商实践教学的需求相比，人均经费投入仍显不足。场地与经费的不足给跨境电商实践教学的开展带来诸多限制，如无法保证较高的设备更新率，上网速度慢，部分实践教学设备缺乏，无法与跨境电商企业的经营实际对接。例如，在选品和推广环节，需要对产品进行拍摄和视觉美化，而高校目前的实验室普遍不具备拍摄的条件，相关器材也不能到位。最后，实践教学师资队伍建设滞后。开展实践教学，需要有接受过系统训练的专业教师。而高校目前大多数实践指导教师都是专业课教师出身，缺乏在企业的实践经验，在传授知识时更多的是将课本上的知识客观、直白地陈述，缺乏将理论与实际相联系的转换，致使学生无法从实践教学中获得实实在在的实践经验。与此同时，高校目前的职称评价体系，重理论而轻实践，高校教师尤其是青年教师埋头于发论文、报课题，缺乏参与企业实践、从事实践教学的意愿。实践教学指导教师的缺乏，削弱了实践教学的实施效果，学生停留在自我摸索的状态，无法获得有针对性的指导。

三、高校跨境电商实践教学体系建设的对策

跨境电商是一门融计算机、市场营销、国际贸易、管理学和物流学等于一体的新兴交叉学科，培养目标是使学生既具备跨境电商的专业知识，又具有实践运用能力。因此，构建科学而动态的实践教学体系是培养跨境电商专业人才的有效途径，同时也是国际贸易以及电子商务专业本科教学建设体系的重要目标。实践教学不仅仅是课堂或实验室模拟教学，更主要的是熟悉实际跨境电子商务的实施过程。通过实践教学设计激发学生的学习兴趣，认识跨境电子商务的内涵与外延，通过实践应用，深入理解跨境电子商务的原理、模式和过程，最终提升其实践动手能力和知识运用能力。为此，跨境电子商务实践教学体系建设应注重以下几个方面：

第一，明确跨境电商实践教学的目标体系。基于跨境电子商务发展对从业者专业知识和实践能力的具体要求，优秀的跨境电商人才应该具备良好的语言能力、熟练的电子商务平台操作能力、丰富的跨境贸易及文化知识以及较强的市场营销能力等。为此，跨境电商实践教学体系需要将学生的专业特长与创新精神培育相结合，确立"创新精神"＋"创业意识"＋"创新创业能力"三位一体的实践教学培养目标，使学生具备深度参与跨境电商创新创业的能力和素质。

第二，优化跨境电商实践教学内容体系。实践教学的内容是实践教学目标任务的具体化，通过制定科学而动态的实践教学内容体系可以将实践教学的目标和任务具体落实到各个实践教学环节中，让学生在实践教学结束之后能够真正具备参与跨境电商实际操作乃至直接创业的能力。实践教学效果的提高离不开课程体系的科学构建以及教学内容的合理设置。因此，可以尝试构建"递进式"跨境电商实践教学课程体系，将实践课程分为基础课程、专业课程以及综合运用课程三大模块。基础课程侧重跨境电商基本业务流程，专业课程注重跨境电商主要业务领域，如网络营销、跨境电子商务 ERP 管理等，综合运用课程强调跨境电商平台管理与应用。

第三，建设跨境电商实践教学保障体系。跨境电商实践课程是要培养从事跨境电商平台运营的高素质从业人员，使其在具备较高语言能力的前提下，熟练掌握跨境电商平台的操作，熟悉国际贸易流程和相关法律法规，拥有较强的市场推广及营销能力。而上述能力的培养，离不开实践教学基地的建设与使用。为此，可以尝试建设"校

内"＋"校外"实践教学基地，整合不同实践教学基地的功能以及利用实践教学平台推进创新创业能力训练的实施过程。跨境电商实践教学的另一保障是师资队伍建设和教材建设。各高校可开展针对现有教师培训方向、培养方法以及校企合作中高校教师与企业专家间互动交流模式的研究与实践探索。教材建设事关实践教学内容体系改革的成败，高校还要高度重视实践课程教材编写以及实践教学研究。

第四，建设跨境电商实践教学评价体系。建立科学、完整的实践教学评价体系，是重视实践教学、促进实践教学质量快速提高的主要手段。为此，各高校需要探讨构建跨境电商实践教学动态的学生和教师评价体系。在构建学生评价体系方面，制定各实践教学环节的任务与要求，制定综合的实践能力考评方案，确定考评内容与方法。通过笔试、口试、操作考试及创新设计等多种形式考评学生的综合运用能力和创新实践能力。在构建教师评价体系方面，根据跨境电商实践教学培养目标的要求，制定出教师指导实践教学环节的具体要求和质量标准，并制定制度激励教师主动完善和提高实践教学的实施标准。

第四节　创新能力导向的英语专业实践教学体系

目前我国高等教育正经历着深刻的变革，中国制造转向中国创造、提升中国国际竞争力等社会发展需求向高等教育人才培养提出了更高的要求。在这样的大背景下，高等教育培养目标应顺应时代的召唤，从传统的知识传授向培养具有创新能力、实践能力的人才转变，《中国高等教育法》《国家中长期教育改革和发展规划纲要（2010—2020年）》等纲领性文件都明确要求培养学生的创新能力。然而，创新能力的培养却是英语专业教学的软肋。究其原因：第一，由于英语专业属于人文学科，很多人认为其不像自然学科那样具备创新创造的特质；第二，长期以来，英语专业的人才培养过多地强调知识的传授，很少注重批判思维能力与创新实践能力的训练。这造成了英语专业学生思辨能力缺席，外语专业学生大学毕业时的批判性思维能力明显低于其他专业学生。

那么，英语专业是否具备创新创造的特质，其内涵又是什么？英语专业的实践教学是否能够提升学生的创新创造力？如何开展英语专业的实践教学以适应社会发展的要求？

针对以上问题，本节基于英语专业实践教学的现状，以培养学生的创新能力为目标，尝试提出英语专业实践教学体系的优化与重构策略。

一、英语专业人才创新能力的内涵

创新指突破现有的思维模式，提出有别于常规的或常人思路的理论和看法，找到新方法、新途径和新规律。或者创造性地运用前人已有的成果，创造新事物、新技术和新技能。文秋芳提出，创新包括创新精神、创新能力和创新人格。创新精神是指求新求异的精神，是创新的思想源泉；创新能力包括创新性思维能力和解决实际问题的实践能力；创新人格是创新所需要的心理素质与思想素质。依笔者所见，创新包含三个层次的素质，即创新意识和创新精神、创新思维和思辨以及创新能力和创新技能。创新意识和创新精神与人们的思想层面相关，需要摒弃创新神秘化的狭隘思想，树立人人都有创新潜力的思想。创新思维和思辨指善于发现问题、分析问题，不盲从，敢于向权威理论和看法挑战。创新能力和创新技能包括智力、非智力因素以及与创新相关的实践能力。

英语专业学生应具备怎样的创新能力，这是构建英语专业实践教学体系首先应该解决的问题。教育部 2000 年 4 月颁布实施的《高等学校英语专业英语教学大纲》明确提出："加强学生思维能力和创新能力的培养。专业课程教学中要有意识地训练学生分析与综合、抽象与概括、多角度分析问题等多种思维能力，以及发现问题、解决难题等创新能力。在教学中要正确处理语言技能训练和思维能力、创新能力培养的关系，两者不可偏废。"可见，英语专业创新主要表现为新思想、新观点、新方法和新途径等非物质途径，英语专业学生的创新能力是指获得这些非物质途径的能力。这为英语专业培养创新型人才提供了方向性的指导，打破了社会上狭义创新观的桎梏。

二、英语专业实践教学与创新能力的现状

创新与实践是密不可分的。从认识论角度来拿看，一种新的认识的产生，是离不开实践的，是在实践的基础上，主体对客体的能动的、创造性的反映，这种反映即为创新。英语专业的"实践环节"旨在强调实践育人，强化学生应用能力的提升。学生在知识应用过程中，会碰到与课堂理论学习不一样的情况，这将激发他们去分析问题、探究问题与思考问题，寻找解决问题的主观能动性、创造性，即创新意识。

尽管实践教学对英语专业人才培养起着至关重要的作用，许多高校也认识到实践教学的重要性，但是实践教学在实际教学中却没有发挥应有的作用。根据笔者对多所高校英语专业人才培养方案的梳理以及实践教学实施情况的调查，目前英语专业实践教学中存在以下几个方面的问题：

首先，实践教学目标不清晰。英语专业实践教学的总体目标是什么，每门实践课程的分目标是什么，实践教学应该培养具有什么样的实践能力的人才，这些在培养方

案里并没有清晰的规定。因此，面对英语专业学生实践教学环节，一些管理层和教师往往无所适从，草草应付。要么随随便便让学生做做题，要么干脆放任不管，最后让学生参加一下考试，有个分数来应付一下教学资料。这样的实践教学，完全没有实践的意义，更无法提高学生的创新能力。

其次，实践教学内容散乱。从许多学校的培养方案来看，实践教学基本按照基础阶段以语音、听说等语言技能培训为主，高年级以翻译、文学赏析等教学为主的方式进行。这样的实践教学内容理论学分所占比重较大，各个阶段的实践教学内容之间没有必然联系，难以形成贯穿四年的体系。实践教学的内容大多关注浅表的技能训练和展示，学生缺乏深度的学习和探究，缺乏发现问题和解决问题的机会，缺乏跨学科的启迪。这样的实践教学很难培养出具有思辨能力、创新能力的人才。

最后，实践教学方法和手段陈旧。实践教学大多还沿袭传统的教学手段和教学模式，教师仍然在课堂上进行知识点的讲授，学生被动地接受知识和进行考试。目前，英语专业很多教师自身缺乏企业从业经验，也没有机会接受相关的培训和实习。这在一定程度上导致了英语专业实践教学无法实现真正的"实践"，实践教学变成了变相的课堂教学。落后的教学手段和教学方法使得学生失去了对实践课程的兴趣，往往按照教师要求完成作业和教学任务，敷衍了事。这种教学形式根本无法调动学生的学习兴趣，更无法激发学生探索、探寻的精神和动力。

三、英语专业实践教学体系的优化与重构

针对目前英语专业实践教学中存在的诸多问题，高校英语专业实践教学体系的优化应将"培养语言服务型人才"这条主线，贯穿于本科四年的实践教学。学校为学生搭建高校与当地中小学、政府部门、银行、公司、景点等机构的实践平台。以培养学生创新能力为目标，践行模块化、一体化的实践教学体系，加大实践教学现代化设备的投入，完善实践教学保障体系，构建具有英语专业学科特色的、对课堂教学形成有效补充的实践教学体系。

（一）清晰的教学目标

英语专业实践教学应以培养学生创新能力为目标来优化人才培养方案。在当今社会飞速发展的现状下，英语专业应该努力摆脱单纯的语言技能培训的教学目标，在提高学生听说读写译语言技能的基础上，激发学生的创新意识，培养学生的创新能力。英语专业学生除了具备扎实的语言基本功，还需要具备过硬的跨文化、跨学科能力。高校制订人才培养方案时，应充分考虑学生实际和企业需求，培养有新思想、新思路、新方法和新对策的学生，提供社会所需的语言人才。

（二）一体化的内容设置

英语专业实践教学内容应按照系统性和科学性的原则进行设置，实践教学内容应贯穿四年，实践层次按照由低到高、由易到难的方式安排。具体来说，笔者建议将实践教学内容分为三大模块，分别为语言基本技能、跨文化能力和跨学科能力。

上述实践教学体系中，语言基本技能模块涵盖口头交际能力和文本处理能力。口头交际能力包括口语、语音、听力和口译等；文本处理能力包括阅读、写作与翻译等。跨文化能力模块涵盖跨文化鉴赏能力和跨文化行为能力，包括对中国文化与英美国家文化异同的认知，与英美国家人士进行口头交流、信函往来以及商务谈判等实际交往时恰当处理文化差异带来的语言障碍。跨学科能力模块涵盖跨学科知识和跨学科技能，英语专业学生应能够从事那些将英语语言作为工具的工作，如英语教学、商务贸易、外事管理和文员秘书等，这些工作都需要"语言+"人才。

（三）行之有效的教学方法和手段

传统的英语专业实践教学模式已无法满足新时期学生的要求和时代的变化，英语专业实践教学应该实现真正意义上的"实践"，让学生走出课堂，走向社会，在实际实习、实训、工作、生活中有效运用课堂知识。根据上述三个教学模块，笔者建议：在语言基本技能模块，可以让学生到当地小学（如乡村小学、农民工小学等）进行教学。在此实践过程中，一方面英语专业学生可以将所学到的听说读写等语言知识传授给小学生，解决乡村小学师资力量短缺的问题。另一方面在教学过程中，英语专业学生将面临如何备课、上好课、处理与小学生以及同事关系的问题，这些问题远远比大学课堂面临的情况复杂得多。在此过程中，既可以帮助英语专业学生进一步发现自己知识的薄弱点，又可以促使他们去主动思考问题、寻找解决问题的新方法。

在跨文化能力模块，可以通过与国际学生结队、在当地旅游景点建立语言服务义工站、有条件的高校还可将学生送至海外实习等方式，让学生有机会与英美国家人士零距离接触，处理因为文化差异而产生的语言交流障碍。在此过程中，学生将会面临因为文化不同而出现的各种问题，他们也将学会如何处理这些问题。

在跨学科能力模块，各高校则应好好利用实训基地、实训中心等资源，让学生去这些实训基地或实训中心工作，处理商贸、文秘和教学等实际工作中出现的问题。通过以上实践教学模式和手段，学生的学习不再局限于课堂中教师的讲解，他们处理的是实际生活和工作中的各种情况，这样的教学方式远远比课堂教学有趣得多、复杂得多，学生在实践教学活动中，不得不主动去发现问题、思考问题与解决问题，从而提高他们的创新能力和实践能力。

（四）科学的考核评价机制

英语专业实践教学体系应该采取和课堂教学不一样的考核评价机制，打破以考拿学分的单一考核方法，根据各门实践教学课程的性质、要求、教学方法与手段等制订不同的考评方案，如采用笔试、口试、实习报告、论文、同伴评价、用人单位评价以及网络测评等各种形式考核。主要考评学生是否达到本门实践课程教学的要求，获得某种实践知识或技能；是否满足实际工作或实习实训的要求，有创新型思想、观点、方法和途径等。

（五）完善的保障体系

英语专业实践教学保障包括师资队伍建设和实习实训基地建设两方面。英语专业实践教学教师大多是学校毕业后直接进入高校教学岗位的，缺乏企事业等工作经验。针对这种情况，各高校应该大力加强实践教学教师队伍建设，主要方式有引进、培养和培训等。可引进或邀请企事业单位人才到高校兼职或指导实践教学，或将本岗位教师送到企事业单位进行培训，通过这些方式，为英语专业输送更多"知识＋技能"的"双师型"教师，满足英语专业实践教学需求。同时，要大力开拓渠道，与校外企业、中小学校以及英语国家团体等建立实践教学基地，为英语专业学生实践教学提供硬件上的有力保障。

英语专业实践教学应该以培养学生创新能力为目标，针对目前英语专业实践教学体系的问题，英语专业要制订清晰的实践教学培养方案，调整实践教学内容，改革实践教学模式和手段，完善教学保障，让实践教学走出课堂、走出校园、走向社会。实现真正意义上的"实践"，培养出具有创新精神和创新能力，满足社会和用人单位需求的语言类人才。

参考文献

[1] 张炳生，陈志刚，王正洪．工程实践教学体系的构建 [J]．江苏高教，2006（1）：102-104．

[2] 幸晋渝，王振玉．基于工程能力培养的实践教学改革探索与实践 [J]．中国现代教育装备，2017（1）：25-27．

[3] 黄艳国，赵书玲，许伦辉．以提高工程实践能力为导向的实践教学改革探索 [J]．内蒙古农业大学学报（社会科学版），2016（6）：98-101．

[4] 高博，张岚．校企合作模式下工学专业人才培养面临的问题与教学实践 [J]．现代计算机（专业版），2013（29）：37-40．

[5] 杨桂芳，蔡安江．工科院校工程实践教学体系的构建与实践 [J]．西北工业大学学报（社会科学版），2005（4）：86-88．

[6] 李花，刘晓东，王枫，等．基于工程教育专业认证理念的专业应用能力实践教学研究 [J]．教育教学论坛，2017（1）：174-175．

[7] 苏世杰，唐文献，齐继阳，等．面向"卓越计划"的校企共赢型校外工程实践教学基地的建设 [J]．实验技术与管理，2016（1）：222-225．

[8] 温武，李鹏，郭四稳，等．基于人才联盟的"实验室＋企业"网络工程实践教学基地构建 [J]．高等工程教育研究，2017（1）：55-60．

[9] 孙明，田蜜，康文杰．设计型项目驱动的软件工程实践教学改革 [J]．计算机教育，2016（3）：156-159．

[10] 陈国松．我国重点大学本科工程教育实践教学改革研究 [D]．华中科技大学，2012．

[11] 韩现龙．工程技术实践教学质量评价体系的研究与实践 [J]．黑龙江科技信息，2016（22）：227．

[12] 刘井飞．加强应用型本科院校实践教学师资队伍建设的策略研究 [J]．湖北科技学院学报，2015（12）：91-93．

[13] 谢志远，刘元禄，夏春雨，等．大学生创业创新精神培养的对策研究 [J]．高教探索，2011（1）：144-146．

[14] 刘宏升，刘晓华，王正，等．精英人才培养模式下创新实践基地的建设与探索 [J]．实验技术与管理，2011（10）：156-158．